JN161171

会計研究入門
"会計はお化けだ！"

鈴木　義夫
千葉　修身

東京　森山書店　発行

は　じ　め　に

「会計はお化けだ」と申しますと，多くの人は，それは一体何のことかといぶかしがることでしょう。しかし，それは現代社会において果たす会計の役割・機能の重要性を理解するうえでのいわば方便として表現したまでのことです。

本書は，ビジネスの日常的な会話のなかにもよく出てきます会計文書（貸借対照表とか損益計算書）とそこに記載されている用語（資産，負債，資本，費用および収益・利益という用語）とそれに付与されている数値（金額）の意味内容とそのはたらき（作用）を明らかにし，同時にまた，そのことを通じて，「会計の本質とは何か」，さらには，会計学はいかなる学問かということを解明しようとするものです。

このような問題意識をもつにいたった理由と背景を少し説明することをお許しいただきたい。私(鈴木)が大学の三年次生のとき(1960年，安保闘争の時代)，履修科目に「会計学」という講座が設置されておりました。この名称の履修科目は多くの大学にも設置されていたと思います。私は，その後，とりわけ，1960年代後半からの経済成長期のなかで，しだいに，経済と会計の関係や会計の「科学性」という問題に関心を寄せるようになりました。その後，大学の教員としてはじめて講義を担当いたしました1969年は，日米間の安全

保障に関する条約の改定をめぐり、大学でも、はげしい反対運動、いわゆる「70年安保闘争」が繰り広げられておりました。そうしたなかにあって、学生諸君から、大学の在り方、さらには、教員一人ひとりに対して、担当科目の科学性が厳しく問われました。「私の研究領域は会計である」といいますと、「お前のやっている事は、資本家の手先になることではないのか」といったはげしい叱責の言葉を浴びせかけられたものでした。

このような当時の状況のなかで学生諸君から突き付けられた、こうした問いかけにたいしてどのように答えるかが、その後の私の研究課題として重くのしかかってきました。

この課題に取り組むためには、こうした問題の研究に関して長い歴史と伝統をもつヨーロッパ諸国、とりわけ、ドイツ、フランスおよびイギリスにおける先行研究の成果から学ぶことが不可欠であると考えるにいたりました。こうした過程を経てたどり着いた結論が「会計はお化けだ」というものでした。この結論につきましては、もちろん、さらなる説明が必要です。以下では、それについて順次述べていくことにします。

ところで、本書は、鈴木がおこなった、明治大学大学院での「特別講義」用のレジュメ等に加筆修正を加え、さらに、千葉による編集と解説を加えた内容となっております。

この講義の内容は、ほぼ50年にわたる鈴木の研究活動の概略を語るという形で構成されております。したがって、それはいわば

"私会計学"ともいうべきものといえるかもしれません。しかも，それは，学部の学生および大学院生・研究者だけでなく，社会人をも対象としたため，できるだけ平明な表現を用いたつもりです。同時にまた，そこでの"ねらい"は，ビジネス・パーソンや若い人にも会計研究に興味を抱いてほしいというところにありましたので，比較的新しいテーマも取り上げることにいたしました。

学問・研究の深化・発展には，何よりもまず，研究対象を確定して，それと向き合うこと，あるいはそれと対決する姿勢が不可欠です。本書で述べられていることに向き合い，あるいはそれと対決し，さらには，それが誤りであることを論証すること，つまり，反証することが，会計学の深化・発展につながるものと確信しております。

このささやかな著書が，そうしたことにいささかでも貢献できるとすれば，仕合せです。

ただし，この本には毒が仕込まれております。読み方によっては，人を害することになるかもしれません。しかし，また，使い方次第では，大きな効能を発揮するものと思います。どうぞ，気を付けてお読みください。

出版事情が厳しいなか，このような市場性の乏しい研究に対するご理解とその出版に関するご尽力とご支援を賜った，森山書店の菅田直文社長に心より厚く御礼を申し上げます。

2015 年 2 月 14 日

鈴 木　義 夫・千 葉　修 身

会計研究入門
"会計はお化けだ！"

目　　次

はじめに

第1章　"会計はお化けだ！" ……………………………… 1
1　社会科学の研究対象と研究方法 ……………………… 1
2　会計学はいかなる意味合いで学問たりうるか ……… 3
3　会計は企業活動を用語と数値（金額）によって
　　文書化する社会的・制度的仕組みである …………… 5
4　会計研究の方法
　　― 社会的・制度的視点に立つこと ― ……………… 7
5　会計実務との関係を考察すること …………………… 8
6　写像論から記号機能論へ ……………………………… 10
7　会計はお化けだ ………………………………………… 13

第2章　会計の学び方（1）
　　　― ゲーテとジッドを手掛かりとして ― ………… 17
1　複式簿記と勘定記録 …………………………………… 17
2　会計文書上の貨幣的表現の意味内容の変化
　　― 会計文書上の「記号表現」と「指示対象」の関係について ― … 21
3　会計文書におけるリアリティ ………………………… 26
4　む　す　び ……………………………………………… 28

第3章 会計の学び方（2）
― 歴史から学ぶこと ― ………33
1 歴史から学ぶということ ………33
2 現在における会計研究のあり方について
   ― 一つの例 ― ………34
3 簿記と会計の関係について
   ― シンボル化のメカニズム ― ………36
4 損益計算原理
   ― 維持すべき資本とは何か ― ………47
   （1）維持すべき資本ということ ………47
   （2）企業観と損益計算との関連 ………52
   （3）貨幣資本計算 ………57

第4章 国際会計基準・国際財務報告基準（IAS/IFRS）について ………59
1 IAS/IFRSの基本的特色 ………60
2 IAS/IFRSの構造 ………61
3 財務諸表の作成および表示に関するフレームワーク
   （IAS 1：1997年改訂版）の特徴 ………62
4 IAS/IFRSの適用に関する諸問題 ………70
   （1）適用時期 ………70
   （2）財務諸表の構成 ………71
   （3）財務諸表計上に関する問題 ………73
   （4）一般的評価規定 ………78
   （5）無形資産の評価について ………81

第5章　SOX法
　　　― 会計に対する監視体制 ― …………………………………*89*
1　監査制度の改革 ……………………………………………… *90*
2　SECの役割の拡大 …………………………………………… *92*
3　財務報告に対する会社役員の責任 ………………………… *93*
4　コーポレイト・ガバナンス ………………………………… *95*
5　証券アナリストの実務に対する規制 ……………………… *97*
6　罰則の強化および企業責任の拡大 ………………………… *98*
7　内部告発者の保護 …………………………………………… *100*
8　SOX法の及ぼす国際的影響 ………………………………… *101*

|解｜説| ………………………………………………………………… *103*

おわりに …………………………………………………………… *111*

|補｜論| On the Nature of Contemporary Accounting and Its Research Methodology：from Picture Theory to Symbol Functioning Theory ……………………………*113*

参考文献一覧 …………………………………………………… *129*

あとがき

第1章 "会計はお化けだ！"

1 社会科学の研究対象と研究方法

さて，まず問題となりますのが，会計学とは何か，それは何を対象とし，また，どのように研究するものであるのかを明らかにすることです。いわゆる研究対象と研究方法をめぐる問題です。

こうした問題は，会計の研究にだけ生じるものではなく，広く科学全般の研究に際しても生じる基本問題でもあります。私が研究を進めるにあたって大きな影響を受けた学者として，フランスの数学者，ポアンカレ（Henri Poincaré, 1854年-1912年）を挙げなければなりません。ポアンカレの著書『科学と仮説』（1902年，河野伊三郎訳，岩波文庫）によりますと，「科学とは素朴な独断主義が考えているように，物それ自体に到達するのではなくて，物事の間の関係に到達するものである。この関係の外において認識しうる実在（レアリテ）はないのである。」（前掲書，15頁参照）

ポアンカレのこうした科学観が私の研究活動の基礎となっております。さらに付け加えますと，こうした「モノとモノとの関係」を説明するのが科学であって，「モノとモノとの関係」を特定の意図

に基づいて変えようとすることは政治や政策の課題となります。科学と政治の問題とは区別しなければなりません。そして学者は、そうした価値判断に基づいた政治の世界とは一定の距離を置き、慎重に対処すべきではないかと考えております。

> * なお、2006年の2月から3月までの約一か月の間、パリ大学での研究報告と大学院生に対する研究指導を行うという機会を与えられましたので、その折に、ポアンカレの眠るモンパルナスの墓地を訪れました。中央入口を入ってすぐ右手のお墓には、サルトルとボーヴォワールが仲良く眠っており、そこにはバラの花が供えられておりました。これに対してポアンカレのお墓は訪れる人も少ないせいか、なかなか見つけることができませんでした。結局、裏門の守衛さんに尋ねて、やっと、見つけることができたような有様でした。自分の研究の出発点ともなったことに感謝の気持ちを込めて、お参りをしてきました。

さて、こうした科学観を、人間の営み、とりわけ、人間が生活していくために必要なモノ（有形・無形のモノ）を生産し、これを消費していくという営み（経済活動）を対象として、そこに一定の因果関係あるいは法則性を明らかにしようとする学問である経済学に当てはめて考えてみますと、生活している「人と人との関係」を「モノとモノとの関係」に置き換える（もしくは組み替える）プロセスが不可欠となります。これが「物象化」と呼ばれるプロセスです。

経済学では、一般に、このプロセスは「市場のメカニズム」を通じて現れてきます。すなわち、人間の営みが市場で成立する「価格」

によって表現される（物象化される）と説明されます。ここでは,「人と人との関係」が市場のメカニズムを通じて成立する「価格」によって表現された関係,すなわち,「モノとモノとの関係」として組み替えられ,こうした関係を研究対象とする経済学は,ちょうど,自然界における「モノとモノとの関係」を対象として,そこにおける因果関係・法則性を解明しようとする学問が自然科学といわれるのと同じような意味合いで,その科学性を主張することができることになります

こうした点を精緻な形で展開したのが,マルクス（Karl Marx, 1818年–1883年）でした。社会科学を学ぶ際にマルクスの著作（『資本論』他）が必読の書といわれる所以です。

社会科学,とりわけ,経済学の研究対象の設定とその研究方法をこのようにとらえた場合,会計学という学問はどのような形で成立しうるかが,次に,問われなければなりません。

2　会計学はいかなる意味合いで学問たりうるか

経済学が人間の営みである経済活動（すなわちその必要とするモノの生産から消費にいたる生身の人間の活動）を対象として,そこにおける因果関係（または法則性）の解明を主たる課題としているのに対して,会計学は,これとは密接なつながりを持ちつつも,相対的に独立した性質を有しているといえます。

かつて，経済学の研究成果を基礎にして，会計上の諸問題を解明しようとする取り組み方が，日本においても，また欧米諸国においても，有力な学者によって採られたことがありました。これは，会計学を経済学の一分野もしくはそれに従属した分野として位置づけようとするものです。これでは，法律や慣行に制約されて成立する会計の現実の社会的・制度的現象を十分に説明することはできません。

それでは，一体，どのようなアプローチで研究に取り組んだらよいのでしょうか。以下，この点について，私なりの考え方を述べてみたいと思います。それは，「記号機能論」ともいうべきものです。その内容につきましては，後に述べますが，ウィトゲンシュタイン（Ludwig Wittgenstein, 1889年-1951年）ならびにソシュール（Ferdinand de Saussure, 1857年-1913年）の言語学の研究成果に負うところが多い研究方法であることをあらかじめお断りしておきたいと思います。

こうした先達の研究成果に基づいて，私の考えている会計学がいかなる内容のものかを述べ，それをもって，学生時代からほぼ50年にわたって抱いてきました疑問に対する私なりの解答としたいと思っております。

3 会計は企業活動を用語と数値(金額)によって文書化する社会的・制度的仕組みである

「会計はビジネスの言語である」といわれております。たとえば，企業の本業の成果を表す言葉として「営業利益」という用語が用いられております。この用語はビジネスの現場での専門的な会話のなかだけでなく，テレビやラジオのニュースの中でも日常的に使用されている一般的な用語といえます。しかし，この営業利益という用語には，企業の本業から生じる「売上高」から，これを達成するのに要した費用（これには「売上原価」，「販売費」および「一般管理費」等の費用が含まれます。）を差し引いた差額という，特殊・専門的意味が付与されているのです。

このように，会計において用いられている多くの用語には，われわれの日常生活のなかで用いられている一般的な用語法における意味とは異なった特殊・専門的な意味が付与されているのです。したがって，会計を学ぶ際には，会計用語（または概念）のもつ特殊・専門的意味を理解するよう心がけなければなりません。さらに，会計上の数値（金額）の意味するところを理解するには，数値（金額）の大きさを導き出すための仕組み（これには「複式簿記」の測定システムが含まれます。）が二つの機能を具備していることを理解しておくことが必要となります。一つは，資産，負債，資本（米国の教科書では一般に持分という用語が用いられております。），費用および収益

といった用語を用いて、企業の取引事象を識別し、これを他と区別する（差別化する）機能であり、いま一つは、そのように差別化された取引事象に数値（金額）を付与することによって、これら事象を同質化する（これによって加減が可能になります。）という機能です。これら二つの機能を通じて、企業活動の「物象化」がはかられ、それが貸借対照表や損益計算書といった「会計文書」上に表示されるのです。

こうして、経済現象、とくに、利益の大きさとそれを基にして算出される税金や配当、さらには、料金といった、社会的利害にかかわる事象が会計のメカニズムを通して文書化（財務諸表での表示）されるのです。会計学はそうした「文書現象」を研究の対象とすることになります。会計学が経済活動の「文書的表現」を対象とするということは、いまから百年以上も前（1908年）に、スイスの学者ゴンベルグ（Léon Gomberg）がその著書『会計学の基礎』においてすでに述べているところです。しかもその際、そうした経済現象が「社会的に認められ、合意された形で」成立するためには、会計が法律や会計原則のようなそれぞれの国のその時代の社会的規範のもとで行われなければならないことは、いうまでもないことです。会計を社会的・制度的現象としてとらえなければならない理由がここにあります。したがって、こうした社会的・制度的な文書現象を研究対象とし、それら現象間の関係の解明に取り組む会計学は、経済学とは密接な関係を持ちつつも、それとは相対的に独立した学問

として成立しうるものといえましょう。

4 会計研究の方法 －社会的・制度的視点に立つこと－

さて，こうした問題意識を持って会計研究に取り組む際に問題となりますのは，どのような研究方法を用いたらよいのかということです。ここで問題になりますのは，会計文書上の用語および数値（金額）と「経済的実態」（economic reality）との関係をどのように考えるのかということです。この点に関して最も広く受け入れられている考え方は，「会計は経済的実態を正しく表現すべきである」というものです。これは，大多数の会計人（会計職業人および専門家）が支持する考え方となっており，日本の会計原則だけでなく，国際財務報告基準（IFRS）や米国の会計原則の基礎ともなっております。こうした考え方を，ここでは，「写像論」と呼ぶことにします。写像論の特徴は，経済的実態と用語・数値（金額）によって会計文書上に表現されているその写像との間に，「一対一の対応関係」が成立していると想定するところにみることができます。

この写像論が広く受け入れられている理由は，会計上の利益の大きさとそれを基礎として算出される税金や配当金を「経済的実態を反映した客観的な大きさ」，したがって，それらを「社会的に合意しうるモノ」として成立させるうえで好都合だからです。つまり，企業の利益やそこから支払われる税・配当の大きさが社会的に受け入れられるものであるとするためには，適用された会計用語（概念）

と測定・評価の方法によって表現された大きさ（金額）が，企業の経済的実態を正確に写し出したものであると想定しなければ，不平等な税や操作された配当，さらには不合理な料金に対する「社会的合意」を形成することが困難となるからです。

このような「社会的合意」を形成するためには，適用される用語（概念）および測定方法がそれぞれの国の社会的規範（例えば，商法，税法および会計原則等）にしたがって適用されていなければなりません。それゆえ，会計を学ぼうとするときには，前述しましたように，その測定メカニズム（複式簿記の仕組み）の果たす機能（差別化と同質化）だけでなく，そうした社会的規範との関係で，会計が果たす社会的役割についても目を向けなければならないのです。

5　会計実務との関係を考察すること

周知のとおり，今日の世界各国において，一国の通貨量を適切にコントロールすることが経済の成長さらには雇用の改善にとって重要な課題となっております。このために採られる政策の一つに，中央銀行が市中銀行の保有する有価証券を買い上げ，市中に流通する貨幣量を増やすことを目指した政策があります。これは「公開市場操作」（オープン・マーケット・オペレーション）とも呼ばれております。ここでは，こうした政策に関連した現代的な会計実務の典型例として，ドイツで実施されている有価証券の「定期買戻条件付売買取引」

(ドイツでは，これを「ペンション取引」と呼んでおります。この呼称は，われわれがペンションという宿泊施設に一定期間滞在した後にまた自宅に戻るという意味合いから出たものと思われます。）を取り上げ，会計実務の機能を明らかにしたいと思います。少しドイツのことについて述べることになりますが，重要なことですので，お付き合いください。

ドイツ商法第340b条にペンション取引に関する規定があります。これは，ドイツ一国の貨幣流通量を調節するために市中銀行と中央銀行との間でおこなわれる有価証券の売買取引の会計上の処理について定めたものです。この規定によりますと，市中銀行が保有している有価証券（公社債および株式等）を，一定期間が経過した後に買い戻すという条件を付して，中央銀行に売却した場合，中央銀行から受け取った有価証券の売却代金はこれを借入金として処理し，また中央銀行の方でも支払代金を貸付金として処理することが定められています。そして市中銀行の貸借対照表では，当該有価証券をもとのままの形で表示しておくことが規定されているのです。現物（有価証券）もその法的所有権も中央銀行に移転しているにもかかわらず，それが市中銀行の貸借対照表上に「あたかも何事も起きていないかのように」そのままの項目（勘定科目）と金額を与えられて表示されているのです。これは，"ぬけがら"ともいうべき項目（用語）が会計文書上に表示されているということを意味します。ここでは，会計のメカニズムは，「存在していないモノをあたかもそこ

にあるかのように見せかける」という機能を果たしていることになります。私は，これを「非在の現前化」機能と呼んでおります。

デリバティブやさまざまな金融商品の取引に代表される，現代的な会計実務の処理にあたっては，こうした会計の果たす機能が不可欠です。しかも，グローバル化した金融取引の進展の下においては，会計の機能をこのようにとらえることは，企業経営上も，また経済・金融政策上の諸問題を考える際にもきわめて重要であると考えております。

6　写像論から記号機能論へ

企業がその活動を継続して営んでいくためには，多くの場合，その必要とする有形・無形のモノを市場から調達しなければなりません。企業は市場で調達したモノをその時の価格，すなわち，取得原価で記帳します。そしてこれが会計上の評価の基礎となります。しかし，その後，何らかの理由で，この調達したモノの市場での価格が取得原価とは異なる大きさをとることがあります。いわゆる時価の変動がこれです。こうした状況は，とくに，インフレーションの進展期には顕著となります。もし会計が経済的実態を忠実に反映すべきであるとする「写像論」の立場に立てば，当然，時価での評価がおこなわれることになります。これが，mark-to-market（市場の動向にしたがって評価する）という考え方です。

しかし，例えば，企業の買収に際しては，その買取価格をどのように算定したらよいかという問題，あるいは，最近の世界的規模で広がりを示した金融危機に際して指摘されているように，企業が保有している証券や債権の価格が下落し，しかも，その市場価格を見出すことが事実上不可能となっている状況のもとで，これらの評価をどのようにおこなったらよいのかという問題が生じます。

活発な市場を見出せないこのようなモノの評価については，今日では，「公正価値」（フェア・バリュー）が用いられております。この公正価値に基づいた評価は，国際的にも，21世紀における財務報告のための有力な基準となりつつあります。とくに，活発な市場のない，さまざまな金融商品・デリバティブ（例えば，利子率，為替相場，原材料価格，物価指数あるいはその他の変数を組み合わせた契約──これらはそれぞれ将来のある時点で履行される未履行の契約関係ともいえるものですが──）や「のれん」のような無形資産の評価に関しては，公正価値が評価基準として広く受け入れられております。そこでは，市場性のあるモノについては時価が採用され，そして活発な市場がないモノについては，一般に認められている「計算モデル」（ブラック・ショールズ・モデルとかコックス・ルービンシュタイン・モデルといった計算モデル）を用いて，そのモノから予想される「将来キャッシュ・フロー」を見積り，それを一定の割引率（このなかにはリスクに関する見積り部分が織り込まれます。）で割引かれた「現在価値」が公正価値と見なされて，それで評価がおこなわれます。

こうした評価のやり方は，mark-to-model（モデルにしたがって評価する）と呼ばれています。

この公正価値は将来の見積や一定の仮説といった非現実的な条件のもとで創り出されたフィクティブな大きさといえるものです。会計のメカニズムは，ここでは，用語と数値（金額）という記号によって，現実には存在していない事柄を，あたかも現実に存在しているかのように成立させるという役割を演じているのです。前述したとおり，私はこうした会計の果たす役割を「非在の現前化」機能と呼んでおりますが，そこに会計の本質を見出だそうとする考え方を「記号機能論」と名付けております。

現代の会計問題を考察するときには，会計は経済的実態を正しく写し出すとみる「写像論」によってではなく，むしろ，逆に，会計のメカニズムと記号を用いて，現実には存在しないフィクティブな事象を，あたかも存在しているかのように，創り出すという役割のうちにこそ，現代における会計の本質をみる，「記号機能論」に立つことが肝要と考えております。

ここでは，「物象化」の意味も大きく変わってしまっていることに注意すべきです。すなわち，「人と人との関係」が，市場のはたらきを通じて，「物と物との関係」に変換され，それを会計は忠実に表示すべきと考える「写像論」によってではなく，会計の用語と数値（金額）という記号が現実には存在していない「モノとモノとの関係」を創り出すという役割を演じていることを認識しなければ，

今日の世界的規模での金融危機と密接な関係をもって生起している会計問題を理解することは困難となりましょう。

7　会計はお化けだ

　前述のペンション取引の説明に際して，"ぬけがら"ということを申しましたが，それは，われわれが，そこでは，幻想（イルージョン）もしくは仮想現実（バーチャル・リアリティー）ともいうべきモノを見ているにすぎないということを申したかったからなのです。すなわち，会計の評価に関する用語と数値（金額）は当該対象物の「真実の価値」（リアル・バリュー）を表すものではなく，「指示対象」を持たない表面的な「記号表現」となってしまっているということを申したかったからなのです。会計における記号（用語と数値）が指示する対象は，記号によって創り出された「バーチャル・リアリティ」ともいうべきものにすぎないのです。

　今日，会計はこうしたフィクティブな世界をあたかも現実の世界であるかのように創り出すというきわめて重要な役割を演じているのです。われわれはこの世に存在しない"お化け"を目で見ようとするとき，それに白い布（シーツ）をかぶせることによって，はじめて，"お化け"の姿・形を認識できるようになるのと同じように，さまざまな形態の金融商品や，企業結合に際して問題となる「のれん」といった無形資産も，会計上の用語と数値（金額）によってこ

の世に存在せしめられる，つまり，「非在の現前化」がはかられるといえるのです。このはたらきのうちに，会計の本質を見出そうとするのが，私のいう「記号機能論」なのです。

なお，私の授業では，説明の便法として，次のような絵を描いております。

さて，問題は，この"お化け"が実体経済の数倍もの大きさを持っ

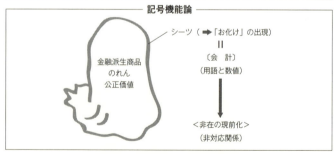

図表1：写像論と記号機能論

てきており，しかも，瞬時に世界中を駆け巡って，われわれの生活に"悪さ"をしている点にあります。それは，"神以上の存在"になってきているとさえ言う論者もいるほどです。

今日，世界中で，会計に対する国家による監視および監督体制の強化が叫ばれているのは，こうした会計の果たす役割の重大さとも関係があるといえましょう。われわれは"会計問題の考察を抜きにしては経済を語れない時代にある"といえます。

会計の世界をこのようにとらえるならば，経済現象と密接な関係を持ちつつも，それとは独立した学問領域が存立するともいえるのです。それを研究することは，ソシュールやウィトゲンシュタインのいう言語学の領域に近い領域を研究するともいえますが，立派に一つの学問領域として成立しうるものといえます。

これから会計を学ぼうとしている学生諸君ならびに会計に関心を寄せて下さる読者の皆さんに申し上げたい。「会計学は立派に社会科学の一分野たりうる」と。これが，私が学生時代から抱いてきた疑問に対するささやかな解答です。

第 2 章　会計の学び方（1）
－ゲーテとジッドを手掛かりとして－

1　複式簿記と勘定記録

　ゲーテ（Johann Wolfgang von Goethe, 1749 年 – 1832 年）の著書『ヴィルヘルム・マイスターの修業時代』（1796 年）に複式簿記に関する有名な文章が見えます。それが多くの会計文献のなかで引用されていることをご存知の方も多いと思います。ゲーテは，この著書の第 1 巻第 10 章において，次のように述べております。「真の商人の精神ほどに広い精神，また広くなければならない精神がほかにどこにあると思う。われわれ商人が仕事を行っていくときに存在している秩序は，実にすばらしい見通しをわれわれに与えてくれるじゃないか。これによってわれわれはいつでも全体を見渡すことができ，個々のことに煩わされる必要はなくなる。複式簿記というものが商人にどれほど有益なものであるかを知っているかい。それは，人間精神の最高にすばらしい発明の一つだ。だからよき財産管理者はすべてそれを自らの経済運営に取り入れるべきだったんだ。」（訳については，安平昭二訳，『ケーファー複式簿記の原理』（1972 年）を参考にしました。）

これは，一国の財政運営に携わった経験をもち，また，国王（国家）の財産を管理運営する専門家である官房学者（今日の財政学者）を友人にもっていたゲーテが，複式簿記の計算の仕組みを用いることによって，ムダを省き，一国の経済を合理的に運営すべきであるということに言及したもので，東京都知事が都の財政管理に複式簿記の手法を導入すべきであると発言したこととも，一脈相通ずるものがあるといえましょう。

さて，こうした複式簿記での計算は，その計算の単位として，T字型をした「勘定」という形式を用います。そしてそこでは，「加法的減法」と呼ばれる方法で残高が計算されます。ここに，簿記での計算の仕方の特徴をみることができます。例えば，八百円の本を買って，支払を千円札で行った場合を考えてみましょう。こうした場合，——これは，ヨーロッパではよくみられる光景ですが——店員は，まず，カウンターの上に受け取った千円札と八百円の本を並べて置き，お釣りを計算するのに，本のうえに百円硬貨を一枚，二枚とのせていき，受け取った千円の額になるまで加えていきます。この場合，百円硬貨を二枚加えたところで千円になりますので，ここで，店員は受け取った千円と本の代金プラスお釣りの金額とが等しくなることを確認したうえで，お客に本とお釣りを渡します。こうすることによって，お釣りの金額が間違っていないことが証明されるのです。こうした，二つの異なる大きさをもつ数について，両者が等しくなるまで，少ない方に加算することによって差引計算（減

算）をおこなう計算の仕方は，加法的減法と呼ばれております。単なる差引計算とは違って，この加法的減法はお釣りの計算（勘定での残高計算）に誤りがないことを検証している点ですぐれております。これはヨーロッパ的実証精神の現われともいわれております。そこで用いられる勘定形式（T字型）は帳簿の見開き頁の形に由来したといわれております。また，帳簿記録の必要性が生じたのは，債権・債務関係の証拠を残しておくことが，係争事件において重視されたからともいわれております。

　帳簿記帳の義務づけによって，取引の記帳が重要な証拠として法廷に提出されることになり，これにより，裁判手続きの迅速化がはかられることとなりました。とくに，銀行につきましては，カイザル時代のローマにおいてすでに帳簿記帳が義務づけられておりました。また，13世紀頃になりますと，ローマ数字に代えてアラビア数字が用いられるようになりました。それは，計算上，加減が容易になるだけでなく，容易に改ざんが可能となり，脱税目的上も都合がよかったからといわれております。その後，1673年のフランスの「商事条例」（これはドイツ商法に影響を与え，さらには，このドイツ商法を通じてわが国の商法にも影響を及ぼすことになります。）において，二年に一回，「棚卸」を行い，「財産目録」を作成することが詐欺破産を防止するために義務づけられることとなりました。

　こうした帳簿記帳に際しましては，相手方の名前を主語として（つまり二人称を主語として）記帳がおこなわれました。こうしま

と，帳簿の左頁には，将来お金を支払ってくれる債務者（借主，借方）名とその金額が記入され，右側の頁には将来お金を返済しなければならない債権者（貸主，貸方）名が記載されます。現在でも，勘定の左側を借方，右側を貸方と呼んでおりますのは，こうしたことの名残りと考えられます。ただし，こうした点につきましては，歴史的な考察が必要であることはいうまでもありません。簿記・会計の歴史に興味をお持ちの方には，名著にして名訳といわれております『リトルトン会計発達史』（片野一郎訳，1952年）の一読をお勧めします。

さて，その後，こうしたT字型の形式と加法的減法による残高計算は，債権・債務関係の記録だけでなく，企業のさまざまな取引についてもおこなわれるようになりました。簿記の教科書では，複式簿記の計算構造は，資産，負債および資本という具体的な大きさをとるといわれるモノを記録・計算する勘定群（これは「実質勘定」と呼ばれております。）と資産，負債および資本の増減変化を引き起こす原因となっている費用・収益を記録・計算する勘定群（これは「名目勘定」と呼ばれております。）の二つの勘定群の組み合わせから成っていると説明されております。

こうした記録・計算の仕組みによって，事業の元手（資本）がどれほどの利益を（場合によっては損失を）うみだしたかが計算され，それらが貸借対照表や損益計算書といった「会計文書」上に表示されるのです。

2 会計文書上の貨幣的表現の意味内容の変化
— 会計文書上の「記号表現」と「指示対象」の関係について —

いまから五十年ほど前になりますが，会計の研究を開始した当初に出会った文献が，米国のカリフォルニア大学教授で，アメリカ会計学の父ともいわれております，ハットフィールド（Henry Rand Hatfield, 1866年‒1945年）の著書『近代会計学』（1918年）でした。この書は英米および独仏の文献を克明に点検・考察している点で，私はその内容を理解するのに，当時の他の類書と比べて，はるかに多くの困難に遭遇しました。とりわけ，ドイツ企業の貸借対照表上に表示されている「1マルク勘定」の意味についてはまったく理解できませんでした。このことが，その後，私がドイツ会計学の研究に進むキッカケともなりました。そこで，ここではまず，この「1マルク勘定」の意味内容について考えてみたいと思います。

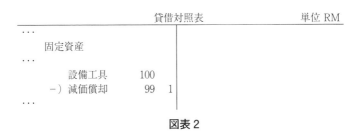

図表2

図表2に示されている設備工具100ライヒ・マルク（Reichsmark：

22　第2章　会計の学び方(1)　－ゲーテとジッドを手掛かりとして－

ドイツの貨幣単位，第一次大戦（1914年－1918年）の前と後では，その意味内容に変化があることに注意する必要があります。この点につきましては，後に述べます。）は，99パーセント償却済みになっており，残り1パーセント分は，その重要度からすれば，これをわざわざ貸借対照表に記載する必要はないといえます。

　しかし，それを一番小さい貨幣単位の「1マルク」をかかげることによって，この会社の財務内容が表見上よりもよいことを強調するねらいがあったと考えられるのです。

　私は当時の会計実務状況を調べるために，1979年に，ドイツ・ケルン大学の図書館の地下資料室で大手の株式会社の年度決算書を調査いたしました。その結果，「1マルク勘定」を表示している会社が，とりわけ，製造業を中心として，多くみられることが確認できました。

　こうした実務状況をふまえて，新たな会計理論を展開し，その後，ドイツ会計学の主流を形成し，さらに，わが国の会計研究者ならびに会計制度にも多大な影響を及ぼすことになるのが，シュマーレンバッハ（Eugen Schmalenbach，1873年－1955年）です。十九世紀末から二十世紀初頭にかけて，ドイツで支配的な会計理論によれば，貸借対照表のはたらきは一定時点（通常は決算日）における「財産の在高」を表示するところにあるとされていました。こうした企業の一定時点の静止した状態を表示するところに貸借対照表の重点があるとする考え方は，「静態論」と呼ばれております。これに対

して，シュマーレンバッハは，企業の一定期間（通常，1年）の営業活動の成果の測定（損益計算）を重視し，この測定で未解消となった残渣項目を次の年度の損益計算につなげていく役割を果たすのが貸借対照表であると主張しました。貸借対照表は一定時点の財産価値を表示するものではなく，一定期間の損益計算に奉仕する機能を果たすものであると主張したのです。そしてこうした考え方を，「動態論」と名付けました。

「1マルク勘定」という問題は，静態論から動態論へといういわば「パラダイム転換」にも関わるものでもあるのです。さらに，「1マルク勘定」を表示している貸借対照表の右肩のRM（ライヒ・マルク）という貨幣単位の面についても，いわば「パラダイム転換」が生じていることに注意する必要があります。この点を理解するために，ここでは，ゲーテとジッドを取り上げることにします。これは，会計文書上において決定的意味をもつ数値（金額）の性質を明らかにするうえで参考になると判断した結果なのです。

前述のシュマーレンバッハが「動態論」を展開した二十世紀初頭のドイツの貨幣単位であるライヒ・マルクには金（ゴールド）の裏付けがありました（1ライヒ・マルク＝金0.358グラム）。しかし，第一次大戦後は，「金本位制」を維持することができなくなり，金の裏付けのないライヒ・マルクが用いられるようになりました。

第二次大戦後は，1948年6月の通貨改革により，ライヒ・マルクという単位名称はドイツ・マルク（DM）に変わりました。なお，

24　第2章　会計の学び方(1)　－ゲーテとジッドを手掛かりとして－

1999年からは欧州連合（EU）の単一通貨ユーロとなっております。

　さて，ゲーテは，『ファウスト』（第一部は1808年に，最終版は1828年に出版されました。）の第二部第一幕において，皇帝がある証書に署名させられ，この証書が一夜のうちに数千枚も刷られ，それらが貨幣の代わりに通用することになり，国家の財政はたちどころに立ち直ってしまうということを書いております。その際，注目すべきは，こうした貨幣が地下に埋蔵されている無限の宝を担保とした兌換紙幣であるという点です（詳細については，相良守峯訳，『ファウスト』（岩波文庫）を参照されたい）。ここでは，貨幣という記号表現が金銀財宝という指示対象を持ったものとして述べられているのです。しかし，ヨーロッパ諸国では，1930年代には，金本位制は放棄されているのです。なお，フランスと英国は1925年に金本位制に復帰するも，1931年には再びこれを放棄しております。

　こうした状況のもとで，ジッド（André Gide, 1869年–1951年）は，「記号の不換体制」において文学が遭遇するであろう問題を考えていたといわれております。つまり，金貨の消滅と非兌換性の制度── 貨幣の虚偽性 ──の下での小説を『贋金つくり』（1926年）として著したといわれているのです。

　ジッドは「貨幣的虚偽性」と「言語的虚偽性」というテーマを，真の父親ではない父親，つまり「父親の虚偽性」を主題にして小説を著したといえるのです。ジッドの小説は，「金」，「言語」そして「父親」といういわば「一般的等価物」が同時に疑われる時代を背景と

して，「表象」（ここでは，用語と数値（金額）という記号によって表示された貸借対照表上の写像とも考えることができます。）の危機を証拠だてているといえるのです。なお，これらの点につきましては，グー（Jean-Joseph Goux）の著書『言語のかねつくり』（Les monnayeurs du langage, 1984年）を参考にしております。

さて，貸借対照表すなわち会計文書上の記号表現とその指示対象との関係について，ゲーテとジッドの述べていることをふまえて考えてみますと，次のようなことがいえるのではないでしょうか。

(1) ゲーテの時代の貨幣額（クローネ：記号表現）は，金，銀およびその他の財宝をその裏付け（指示対象）としてもっていた。シュマーレンバッハの動態論展開時の貨幣単位ライヒ・マルクも金を裏付けとしていた。したがって，こうした記号表現と指示対象との関係から，貸借対照表（会計文書）上の数値（金額）は，その大小にかかわらず，一定のリアリティをもっていた。

(2) ジッドの時代では，貨幣はそうした指示対象を失った記号表現になってしまった。つまり，「貨幣的虚構性」の時代になっており，それが会計文書上の虚構性を表象している。

(3) 会計文書上に表示されている価値は「価値のフィクション」にすぎない。法律は価値を「空っぽの価値」としてのみ保証するにすぎない。「これら記号は，法律がそれに与える価値のみを有するにすぎない。」（グー，前掲書，181頁）。しかも，国は貨幣の使用を強制するが，その責任はとらないのである。歴史的にみると，マネーは具体的な性質を失い，その抽象度を増幅させてきており，ますますフィクティブな性質を帯びてきている。

こうした貨幣的状況は，それ自体，社会的な相互関係の深いところでの変化の現われなのです。つまり，流通している貨幣が約束事に基づく単なる記号にすぎないという機能だけをもつにすぎなくなった瞬間から，その恣意的価値は，完全に，政府による規制に依存したものになります。金の貨幣から紙の貨幣への移行，さらにそれにつづいて，不換貨幣への移行は，それゆえ，国家の経済的役割の質的増大と緊密に結びついているといえるのです。こうした新しい局面において，貨幣は「政府の政策手段」となり，「権力の複雑な操作」の原因ともなるのです。産業の銀行機構への従属あるいは金融機関による産業部門支配の顕現化が，こうした資本主義の新しい局面に認められる特徴であり，それは19世紀の古典的な状況の産業資本とは対立関係にある（グー，前掲書，35-36頁）ともいえるのです。

ここに，現代の会計上の諸問題を考える基礎があるように思われるのです。

3 会計文書におけるリアリティ

シュマーレンバッハが，その動態論を展開するにあたって基礎とした貸借対照表上の「1マルク勘定」に関係する貨幣単位ライヒ・マルクと，1930年代の同じ呼称をもつライヒ・マルクを計算単位としてあらわされた会計文書とでは，そこに，「異なる別のリアリ

ティ」が存在していることを，われわれは認識すべきでしょう。また，さらに言えば，1971年以前の米ドル表示の会計文書上の数値と，それ以降の今日にいたるまでの会計文書上の数値とでは，同じ貨幣単位ドルで表示されていても，そこに，「異なるリアリティ」が見られること，つまり，ア・プリオリにまた演繹的に構成され「創出されたリアリティ」が表示されていることを読み取るべきでありましょう。このことを認識することが，現代会計の性質を解明する際の前提となるものと考えております。

記号表現とその指示対象との関係で，貨幣の性質を考えてみますと，現代は「記号表現の自律性」が跋扈している時代といえましょう。しかも，マネーの価値は，本質的に，「価値の欠如」を意味している（グー，前掲書，181頁）といえるのです。したがって，このことを踏まえますと，会計文書上の数値は「価値」を表示すべきとする「バリュー・アプローチ」とは，「価値の欠如した価値」を表示すべきとする主張にもつながることにもなります。そしてそれはこのアプローチそのものの失敗を意味するという，自己矛盾をかかえることになるといえましょう。ましてや「フェア・バリュー」（公正価値）を「リアリティのある価値」として主張したり，その採用を積極的に提言したり，さらには，それに基づいて企業を評価したり，格付けをしたうえで，マネー・ゲームにはしったりすることは，思考を停止した「精神のない専門人，心情のない享楽人」（マックス・ウェーバー著，梶山力訳，『プロテスタンティズムの倫理と資本主義の精神』（下

巻),岩波文庫,1968年,246頁)のすることといわざるをえません。

そして,こうした状況をコントロールすることがいかに困難であるかは,多くの金融機関の倒産や「ユーロ危機」をみれば明らかでありましょう。われわれは,会計上の用語(概念)の意味変化と同時に,「マネーの変質」という面から会計文書における「リアリティ」の意味を解明しなければならないと思っております。このことが,二十一世紀の初頭の米国の巨大企業エンロン社の倒産(2001年)とその直後(2002年)に行われた米国の会計制度改革,いわゆる「SOX法」導入の意味を理解するうえで不可欠なことと考えております。

4 むすび

保証(担保)のない紙幣は贋金の合法化された形態であるといえましょう。ジッドの小説は,こうした「貨幣的虚偽性」をメタファー(隠喩)として,「言語的虚偽性」,さらには「父親の虚偽性」,つまり,「表象」(これは貸借対照表上の写像とも考えられます。)の危機を証拠だてているといえます(グー,前掲書,21頁)。また銀行券という想像の産物に付着している「悪魔的奇蹟」の効果を再発見するため,ゲーテはそれを『ファウスト』の第二部で生々しく証言しております(グー,前掲書,204頁)。

マネーが世界中で100兆ドル以上もだぶついており,15年で3倍以上にも膨れ上がっているといわれております。また,企業年

4 むすび

金を運用する日本の投資顧問会社で 2,100 億円ものお金が消えてしまったことが報道されておりました。こうした事件が起こるのも，上でみましたような「マネーの虚構性」を基礎としているといえましょう。しかし，これをコントロールすることは，現在では，きわめて困難であるといわざるをえません。

　われわれは，会計文書から得られる情報に「リアリティ」を求めるのではなく，それが果たす「社会的機能」に注目すべきでしょう。そこにこそ，会計の本質があるからです。とりわけ，会計文書において決定的意味を有する数値（金額）の性質について考察することはきわめて重要であります。それは，会計文書上の数値（金額）について，上述したような「価値の欠如」を「あたかも価値あるモノ（大きさ）であるかのように創出する」という役割・機能のうちに，会計の本質を見出すことができると考えられるからです。繰り返しになりますが，私はこれを「非在の現前化」機能と呼んでおります。"会計はお化けだ"と申しましたのは，より正確に申しますと，人の目に見えない，この世に存在していない"お化け"を認識するためには，われわれはそれに白い布（シーツ）という形式をかぶせることによって可視化します。しかし，この白い布をはぎとってみると，そこには何も存在してはいないのです。白い布という形式を与えられることによって，はじめて，"お化け"はこの世に出てくることができるのです。この場合，シーツという形式は，存在していないモノをあたかも存在しているかのようにみせる役割・機能を果

たしているのです。ちょうどこれと同じように、会計は、会計文書上における用語と数値（金額）という記号（形式）を用いて、現実には存在しないモノを、あたかもわれわれの目の前に存在しているかのように見せる機能（「非在の現前化」機能）を果たしているのです。ここに、会計の本質をみることができるのです。

　こんにち、マネーという怪物が肥大化し、それが電子網上を駆けめぐり、海を越え、国境を越え市場を席巻し、企業はもとより国家をも滅ぼしかねない力をもちつつあります。こうした時代にあって、このような力をもった"お化け"をこの世に出現させるために、会計は"お化け"にとって不可欠の役割・機能を果たしているのです。「非在の現前化」機能が、これです。そして、ここに、こんにちの会計の本質を見出そうとするのが、私のいう"会計お化け論"あるいは「記号機能論」なのです。

　このような認識に基づかなければ、こんにちの世界的な金融危機の原因を、さらには、現代資本主義の性質を理解することは困難となりましょう。問題は、すでにみましたとおり、この"お化け"が実体経済の数倍（3倍とも10倍ともいわれておりますが）の大きさをもってきており、しかも、それが瞬時に世界中を駆けめぐって、われわれの生活に悪さをはたらくという点にあります。"お化け"が"神以上の存在"になっているという論者もいるほどです。

　現在、世界中で、会計に対して、国家による監視や監督体制の強化が叫ばれておりますが、これは会計の果たす役割・機能の重大さ

と関係があるといえましょう。われわれは会計問題をぬきにしては経済を語れない時代にあるといえます。

　会計の世界をこのようにとらえることは，経済現象と密接な関係をもちながらも，それとは相対的に独立した学問領域が存立するということを確認することにもつながります。

第 3 章　会計の学び方 (2)
－歴史から学ぶこと－

1　歴史から学ぶということ

　名著『リトルトン 会計発達史』（A. C. Littleton, Accounting Evolution to 1900, 1933：片野一郎訳，初版，1952 年）の序文の前に，次のような言葉が引用されております。

　「学問をより深く理解しようとする者は，その歴史を知らなければならない。」（イエーガー）

　＊　イエーガー（Ernst Jäger）は，ベニスで 1494 年にイタリア語で出版された数学書であると同時に簿記書ともいわれております，パチオリ（Luca Pacioli：1445 年 - 1509 年）の著書『算術, 幾何, 比および比例総覧』(Summa de Arithmetica, Geometria, Proportioni et Proportionalita）をドイツ語に翻訳して（1876 年），複式簿記の普及に貢献した人です。

　この言葉は，会計だけではなく，他の学問領域を学ぼうとするときにもあてはまります。とりわけ，歴史認識の欠如による会計研究の劣化現象が見うけられる昨今，これから会計の研究を志そうとする若い人には，ぜひ，まず「歴史から学ぶ」ということをこころがけていただきたいと思っております。それは，先の見えない現代の

状況を前にするとき、われわれは歴史から学ぶ以外に未来を展望することができないからです。

歴史から学ぶということは、単に過去に学ぶということだけでなく、現在をよりよく理解し、未来を展望するために不可欠だからです。そのためには、

(1) 現在に生起していることに対して関心を寄せ、

(2) それをよりよく理解するために過去に学び、そのうえで

(3) 未来を考える、ということが必要なのです。

言い換えれば、(1) に対する関心 (現在) - (2) 過去 (歴史) - (3) 未来を展望する、という関連を認識するということが重要であるということです。つまり、現在と未来をつなぐ役割を果たしているのが、過去・歴史を学ぶということであり、このことを欠いてしまったら、現在と未来をつなげることができなくなるということです。これでは、研究は深まりません。研究の劣化という所以です。

2 現在における会計研究のあり方について
― 一つの例 ―

フランス・パリ大学教授、リシャール (Jacques Richard) は今日の会計上の重要問題の一つである「公正価値」(Fair value) を取り上げ、それを会計理論の歴史的発展に重ね合わせて考察しております。(「公正価値：フランス会計資本主義の第三段階に向けて」(2003年11月))。

2　現在における会計研究のあり方について　35

これによりますと，会計理論の発展を

第一段階：静態論的段階（1800年頃1900年まで），

第二段階：動態論的段階（1900年から2000年まで），そして

第三段階：未来指向的段階（国際財務報告基準（IFRS）の適用開始段階）

という三つの段階に分けて考察しております。

　これは，会計理論の発展に関するドイツの伝統を部分的に取り入れたものでありますが，ドイツで定着している区分とは異なります。ドイツでは，三つの"S"といわれております，ジモン（Simon）（静態論），シュマーレンバッハ（Schmalenbach）（動態論），そしてシュミット（Schmidt）（有機体論）という学説分類が一般的となっております。とくに，1920年代のハイパー・インフレーションを背景としたドイツでの研究成果は，この領域において世界をリードしたといわれております。なお，この点につきましては，ボルコフスキー（Rudolf Borkowsky）著，松尾・鈴木訳『ドイツ会計学説史』（1981年）の一読をお勧めいたします。

　リシャールは自らの見解を主張するときに，ドイツでの会計理論の発展を忠実に跡付けるというよりは，自らの主張を展開するうえで都合のよいところだけを利用しているといえるのです。したがって，歴史から学ぶといっても，見方によって，異なったものになりうるということに注意すべきです。つまり，歴史をみるとき，これを単眼的にではなく，複眼的に，さらには多眼的・批判的にみるこ

3 簿記と会計の関係について
― シンボル化のメカニズム ―

今日の簿記の教科書では、多くの場合、複式簿記の仕組みを説明する際に、$A - P = K$という等式を用いています。ここでいうAとは「積極財産」(Aktiva) を、Pは「消極財産」(Passiva) を、そしてKは「資本」(Kapital)(これは同時に「純財産」ともよばれます)を表しております。そして企業活動がある期間(一年、半年あるいは三か月)を経過したうえで、最終的には、資本(または純財産)の増減を通じて利益(または損失)が算出されます。そしてこの資本(または純財産)の大きさがスタート時の大きさと比較して、増加していれば「利益」が、そして減少していれば「損失」が生じたことが確認されるのです。

このように、簿記上の「損益」は純財産でもある資本の増減変化を通じて算出されます。そこから、前述の等式は「資本等式」とも呼ばれており、複式簿記における「損益計算」の仕組みを説明する際には、多くの場合、この資本等式が採用されております。このような利益のとらえ方は「純財産増加説」とも呼ばれており、「課税所得」の計算にあたって重要なはたらきをしております。

しかし、これだけでは、一定期間の事業活動の「結果」としての損益は計算できても、その「原因」は分かりません。これを知るに

は，もう一つ別のルートの測定の仕組みが必要です。これを，水槽の水量測定の仕方を便法として用いて説明してみましょう。

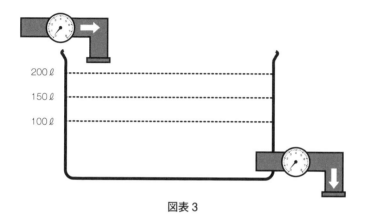

図表3

この水槽には，200リットルまでの水量を測定するための目盛りがつけられております。また，この水槽に流入・流出する水量を測定するためのメーターが，流入口と流出口にそれぞれ取り付けられております。

ある年の1月1日に水量が目盛りから100リットルであることが確認されました。そして一年が経過した12月31日に目盛りをみますと，150リットルであることが確認できました。これは，この一年間で，水量が50リットル（150リットル − 100リットル）増えたことを物語っております。しかし，これだけでは，どのような原

因で水量が増えたのかということは分かりません。そこで，水槽の流入口と流出口に備え付けられているメーターの目盛りをみますと，この一年間に300リットルが流入しており，また，250リットルが流出したことが明らかになりました。これによって，この流入量300リットルと流出量250リットルとが原因となって50リットルの増水となっていることが明らかになるのです。この一年間に水量が50リットル増えたこと（結果）の原因が300リットルの流入と250リットルの流出であったことが確認され，この50リットルという数値が間違いのない，正しいものであることが検証されることになるのです。これは複式簿記の「自己検証能力」とも呼ばれております。

　一定時点の資産，負債および資本という「在高量」（ストック）と収益および費用という一定期間の「流入・流出」（フロー）という二系統の測定装置の組み合わせによって，複式簿記では，企業活動がシンボル化され，利益または損失の計算が行われることになります。ゲーテが複式簿記のことを人間の精神が産み出したみごとな発明と呼んだのも，こうしたところにあるのではないかと思われます。

　さて，こうした損益計算を行うためには，しかしながら，一定のルールにしたがうことが求められます。「勘定記入のルール」がこれです。先ほどの例から，複式簿記の利益計算は，一定時点の資産，負債および（期首）資本の在高量の増減変化と一定期間に得られた収益とそれを得るために費やされた費用との差額が一致するという構造に

なっていることがご理解いただけるものと思います。この関係を整理してみますと，次のようになります。

　　　　資産－（資本＋負債）＝収益－費用

これを，さらに，マイナスの項を移項してプラスにしますと，資産＋費用＝（資本＋負債）＋収益　という等式関係が成立します。

これは，一般に，「試算表等式」とも呼ばれておりますが，複式簿記での「勘定記入のルール」を説明するときに援用されております。

この等式関係に，簿記で用いられる「勘定形式」（通常，Ｔフォームと呼ばれております）を重ねますと，次のようになります。

図表4

ここから，資産および費用に属する項目は勘定の左側でプラスの大きさをとり，そこからマイナスするときは右側に記入します。また，資本，負債および収益に属する項目は勘定の右側でプラスの大きさをとり，そこからマイナスするときは左側に記入することになります。これを図示すれば，次のようになります。

第3章　会計の学び方(2)　－歴史から学ぶこと－

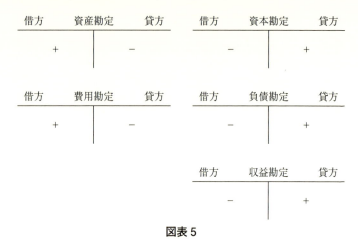

図表 5

　そして，この勘定記入のルールにしたがって企業活動をシンボル化し，資産，資本および負債を表示する貸借対照表と費用・収益を表示する損益計算書という会計文書を用語と数値（金額）で作成し，それによって計算された利益とそれを基に算定される税金や配当金，さらには，料金に対して，「社会的合意」（コンセンサス）を取り付けるという役割（アカウンタビリティ：顛末報告）を果たすのが，会計の役割であるといえましょう。簿記のメカニズムはそのために不可欠の役割を果たしているのです。

　しかし，前章でふれました，ハットフィールドはその著書『近代会計学』（1918年）の第二章において，複式簿記は「自己完結的」なものではなく，「棚卸」（すなわち商品の数量と金額の点検・調査と目録

の作成）という簿記の体系外の手続きが不可欠であると述べております。この点について，商品の仕入れと販売の記録，そしてさらに棚卸という手続きが加えられる「商品勘定」の例でみてみましょう。

　商品勘定は，商品の仕入れと売上げそしてその残高を計算する「実質勘定」としての役割を果たしていると同時に，商品の売上高から仕入原価（売上原価）を差し引いた差額である損益を計算する「名目勘定」の役割を果たすという混合したものとなっております。そこで，勘定の締切り（これは，通常，決算時に行われますが）に際しては，この混合した状態は，上述した二系統の勘定グループに分割することによって整理されます。そのために，商品勘定の分割が行われます。その際，商品の在高を表す「繰越商品勘定」，売上原価を計算する「仕入勘定」そして売上高を表す「売上勘定」の三分割が基本となります。その上で，決算に際しては，まず，簿記の体系外で，商品の点検・調査と目録が作成されます。その際，もし当該商品が何らかの理由で品質が劣化したり，破損したりして売り物にならなくなったことが分かれば，その分を差し引いて，これを損失として処理して，商品残高を確定します。そしてこうした手続きを通じて，商品の在高が確定され，商品の仕入高からこの棚卸によって確認された商品残高を差し引いたものが，売上げられた商品の原価（売上原価）として，売上高から控除されて，損益が計算されます。この損益を計算する場所は「集合損益勘定」と呼ばれております。棚卸で確認された商品残高は「決算残高勘定」に収容されます。また，こうした取引によっ

第3章 会計の学び方(2) －歴史から学ぶこと－

て生じた損益は,「資本の増減」として「資本勘定」に振り替えられて,決算の一連の手続きは終了します。

こうした手続きを図示すれば,次のようになります。

借方			商品勘定（混合勘定）				貸方	
仕	入	100	売		上		70	
			残		高		30	（混合残高）
利	益	20	繰	越	商	品	50	

図表6

これを,棚卸によって確認された在庫量から,次期への繰越商品（資産）と売上商品の原価（費用）とに分離することによって,商品勘定の混合状態が解消されます。その際に行われるのが,「繰越商品勘定」,「仕入（売上原価）勘定」および「売上高（収益）勘定」への三分割なのです。

すでにみましたとおり,簿記のメカニズムは,資産,負債および資本（純財産）といったストックについて,「在るモノを在るように示す」（これを示す勘定は「実質勘定」と呼ばれております）と同時に,費用・収益のようなフローについては,計測メーター上でのみ把握されるように,「無いモノを在るかのように示す」（これを示す勘定は「名目勘定」と呼ばれております）という機能を果たす二系統の勘定群からなっているといえます。リトルトンが複式簿記の構造を

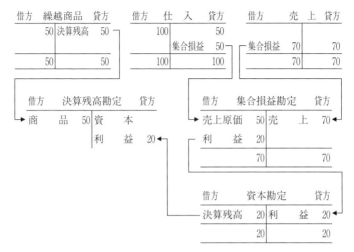

図表7

実質勘定と名目勘定の統合としてとらえているのは，これら二系統の勘定群がそうした機能を果たすものと解釈することができるからです。ここに複式簿記の特徴があります。ただし，取引をどの勘定科目（用語）を用いて処理し，その意味内容とそれにどのような大きさの数値（金額）を付与（評価）するかは，それぞれの国のその時々の社会的・経済的諸条件によって規定された社会的規範（商法，会社法，税法および会計原則）とそれを補強する学説（会計理論）によって決められます。例えば，株式会社はそのスタート時点で創立に関わる諸経費を支払わなければなりません。資本金として株主から払い込まれたお金からこれらの諸経費を支払いますと，この会社の資

本金は,この時点ですでに,この支払い分だけ少ない額となってしまいます。これでは,スタート時点で,払い込み額より少ない資本金となってしまい,株主の支持は得られません。そこで,資本金額は株主の払い込んだ金額をそのまま維持し,これを「資本金」とします。そのためには,すでに支払った「創立費」を,あたかも「資産」であるかのように処理しなければなりません。つまり,「無いモノを在るかのように」処理しなければならないということです。ここでは,費用としてすでに支払った創立費（無いモノつまり"お化け"）があたかも資産（在るモノ）であるかのように扱われているのです。しかし,これは実体のない"お化け"ですので,これを資産とすることは怪しいことなのです。創立費が"擬制資産"と呼ばれる所以です。

しかし,資産概念を別の観点から考えますと,これは,理論上は問題ないこととみなされるのです。動態論の立場からすれば,期間損益計算をおこなった際の「未解消項目」を収容し,これを次期の損益計算へバトン・タッチする「連結帯」の役割を果たすのが,貸借対照表の役割と解釈されます。したがって,そこに表示されている資産項目は「支出されたが,まだ費用となっていない」（支出・未費用）項目と解釈されることになります。この意味では,機械・設備も創立費も,ともに,「支出・未費用」の性質をもった資産項目とされます。そしてこれらの項目は,ともに,一定の期間にわたって償却されます。機械・設備の場合は一定の「耐用年数」（これは

税法によって規定されています。）にわたって償却され，また，創立費のような擬制資産については早期に（5年以内に）償却されます。ここでいう「減価償却」とは，資産価値の減少を確認する手続きではなく，「原価配分（費用配分）のプロセス」を意味しております。

　貸借対照表は，財産価値を表示すべきとする静態論から，損益計算書の未解消項目を収容し，次期の損益計算書へとつないでいく連結帯の役割を果たすものとする動態論への，いわば「パラダイム転換」がそこにみられるのです。先に述べました「1マルク勘定」の問題もまた「買取のれん」や「開発費」といった現代的な問題の処理につきましても，同じようなことがいえます。われわれは，こうした分析をつうじて，会計用語の多義性と会計数値の弾力性を認識することが肝要です。しかも，ドイツやフランスでは，帳簿記帳の際に用いる勘定科目（用語）にコード番号が付けられて，会計用語の記号化がはかられているのです。「勘定枠」と呼ばれているものが，これです。フランスにおける勘定枠は，ドイツの影響のもとに導入されたものでしたが，第二次大戦後に制度化されたものです。これは，十進法の分類システムにしたがって，0から9までの番号を付けられた次のような10クラスの勘定群からなっております。

　　　　クラス1　資本勘定
　　　　クラス2　固定資産勘定
　　　　クラス3　たな卸資産勘定

第3章 会計の学び方(2) －歴史から学ぶこと－

　　クラス4　第三者勘定
　　クラス5　財務勘定
　　クラス6　費用勘定
　　クラス7　収益勘定
　　クラス8　成果勘定
　　クラス9　経営分析勘定（固定費，変動費，予算等）
　　クラス0　特殊勘定（契約，裏書，担保）

　このように，勘定の全体は10クラスに分割されております。そしてこれらクラスは，さらに，細分割されます。細分割された下部勘定には，№ 10，11，12，13，14等が含まれ，また№ 12が細分割されるときは，それら勘定には№ 120，121，122，123等の番号が付けられます。

　このように，勘定科目を記号化することによって，勘定の体系的な組織化が前進すると同時に，会計機の導入がこうした勘定科目のシンボル化を不可欠なものにしているといわれております。以上の内容につきましては，ロゼール（Pierre Lauzel）の著書『フランス・プラン・コンタンブル』（1965年）を参考にしました。

　このようにして，企業活動は，簿記のメカニズムをつうじてシンボル（記号）化された用語と数値（金額）によって会計文書上に表示されるのです。この意味で，簿記と会計とは一体のものといえましょう。

　なお，実体のない創立費を資産とみなすことは，"お化け"を資産のグループに送り込むようなものです。資産の装いはしていて

も，中身のないモノですので，早期に消えてもらわなければなりません。貸借対照表から早めに消去されなければならないということです。多くの国で，それが5年以内に償却（消去）されたり，さらに，配当を決定する際には，この分は無いモノとして，控除することが規定されておりますのは，こうした事情によるものといえましょう。

4 損益計算原理
― 維持すべき資本とは何か ―

(1) 維持すべき資本ということ

　前述しましたように，簿記の計算では，期首の資本の在高の増減変化をつうじて損益が確定されます。資本（または純財産）が増加していれば利益が，減少していれば損失が算出されることになります。損益をこのようにとらえる考え方は「純財産増加説」ともいわれており，今日でも，簿記書で広く支持されたものとなっております。しかし，その際，これにはいくつかの問題点があることにも注意しておかなければなりません。その一つは，複式簿記の損益計算の仕組みは自己完結的なものではなく，「棚卸」という簿記の体系外の手続きを不可欠としているという点です。この手続きが加わることによって，前述の商品勘定は商品の期末残高を示す繰越商品勘定と商品の売上を示す売上勘定（収益勘定）と売上商品の原価を示す勘定（費用勘定）とに分離・整理されて損益が確定されるのです。こうすることによって，商品の仕入・売上および残高が，それぞれ

の勘定で計算され、そして各勘定を締切り、その他の勘定群の修正・整理をおこなったうえで、その結果を集計することによって、決算手続きは終了します。こうした結果を、一定の様式を整えたうえで会計文書化したものが貸借対照表と損益計算書なのです。

棚卸という簿記の体系外の手続きが加わることによって、簿記での計算と事実との照合がおこなわれ、計算結果の合理性が担保されるのです。また、この機能を果たすのが「監査」の基本的な役割ともいえます。複式簿記の合理性とは、このような意味合いのものであることに注意しておく必要があります。

注意しておかなければならないもう一つの点は、資本の増減変化をつうじて損益を算出する際に基礎となる「維持すべき資本」とは何かということです。

ここで、つぎのような計算例を用いて、このことを考えてみましょう。

> ある年度の1月1日に商品Aを一個100円で仕入れました。さらに同じ年度の12月31日に商品Aを一個120円で仕入れました。そして12月31日に、商品Aを一個150円で売り上げました。

さて、他の費用はないものとして、利益はいくらになるでしょうか。

答え①：1月1日に仕入れた100円の商品Aを売ったので、利益は50円となる。
答え②：12月31日に仕入れた120円の商品Aを150円で売ったので、利益は30円となる。

このほかにも仕入原価を加重平均して計算する方法もあります

が，ここでは，上記の二つの利益計算の仕方について，その基礎にある考え方を取り上げることにします。答え①の考え方は，先に仕入れた商品から売り上げられるという考え方で，こうした考え方を基礎とした計算方法は「先入先出法」（First-in First-out Method：略してFiFo）と呼ばれております。②の考え方は，最後に仕入れたものから売り上げるという考え方に基づく計算方法で「後入先出法」（Last-in First-out Method：略してLiFo）と呼ばれております。このどちらの方法を選択するかによって，利益の大きさに差が出ることに注意してください。この場合では，利益を大きく出そうとするなら，先入先出法が選択され，逆に，利益を小さくしようとするなら，後入先出法が選択されることになるでしょう。そしてどちらの利益が正しいとか，間違っているとかはいえないのです。商品の仕入価格に変化がなければ，どちらの方を選択しても，結果は同じになり，どちらも正しいということになりましょう。しかし，この例のように，仕入価格が上昇しているときには，選択された方法によって利益の大きさに差が生じます。さらに，この利益を基礎として税金や配当金が支払われるということになりますと，①の計算では，売上高から仕入原価として差し引かれた100円しか手許に残らないことになります。これでは，同じ商品を再度，仕入れようとしても，20円が不足して，この分を別途手当しないかぎり，商品の仕入れはできなくなります。これでは，事業の継続が困難になります。これに対して，②の計算では，12月31日に売り上げた同じ商品を同日に

120円で再調達することが可能となり，事業の継続に支障を来すことはありません。

そこで，一般的には，利益は少なめにしておくことの方が安全であるという考え方が，利益の計算に際してはたらきます。「保守主義」とか「慎重原則」とか呼ばれているものが，これです。しかも，これは「一般に認められた会計慣行」として，多くの国の「会計原則」となっております。例えば，1675年に出版され，その後のフランス，ドイツそして日本の商法規定にも影響を及ぼすことになった，サヴァリ（Jacques Savary：1622年 - 1690年）の著書『完全なる商人』は当時支配的であった会計実務を基礎にしてまとめられたといわれておりますが，そのなかで，「最低価値原則」，「実現原則」（販売基準）および債権を健全なもの，疑わしいものおよび不良となったものとに分割する原則が叙述されております。たとえ，そこには，固定資産についての検討が欠けていたとはいえ，これら原則がその後の会計実務，とりわけ利益計算に大きな影響を与えたことには注意しておく必要がありましょう。

いまから50年前（1963年）に，私は「会計的利益概念に対する一考察」という標題で修士論文をまとめましたが，この道に入るきっかけとなりましたのが，「利益とは何か，それはどのような性質のものであるのか」という疑問の解明に取り組むことでした。指導教授の佐々木道雄先生（東京大学名誉教授）に推薦された本が，ギルマン（Stephen Gilman）の『会計的利益概念』（1939年）でした。そ

の内容の考察から得られた結論は，会計的利益とは「利益は内輪に算出すべきである」とする保守主義的色彩のつよい政策的判断の所産である，というものでした。これは，1930年代の米国における会計実務では広くみられたことと思われました。

　こうした利益の性質を考えるときに問題となりますのが，会計上,「維持すべき資本」とは何かということです。それによって選択される評価方法も変わり，利益の大きさにも変化が生じるからです。こうした問題に関する研究は，第一次大戦後に，ハイパーインフレーションを経験したドイツにおいて深化・発展し，すでに述べましたとおり，その研究成果は世界をリードしたといわれております。このインフレーションを契機として，それまでの比較的安定した経済状態のもとで妥当していた「マルク＝マルク」という前提（これは貨幣価値が大きく変動しないという前提，あるいは貨幣価値不変の前提ともいえます。）のもとに構築された会計の理論および実務に対して，疑問が投げかけられ，それまでの貨幣的思考にかわって，財貨的思考の重要性が再認識されるようになりました。

　この時期に，貨幣資本維持（これは「名目貨幣資本維持」とこれを一般物価指数の変動を考慮に入れて換算した「実質（購買力）資本維持」とに分かれます。）と「物的資本（実体）維持」という資本維持概念を基礎にした損益計算原理が展開されるようになりました。その後のドイツにおける会計思考の発展過程は，大別すれば，これら二つの資本維持思考の相剋の歴史といっても過言ではないほどです。し

かし,この二つの対立的な思考は,とりわけ第二次大戦後の復興期とそれにつづく経済の成長という新たな現実に直面して,一層深められただけでなく,それらを一つの理論体系のうちに包摂しようとする試みが企てられたのです。ハックス(Karl Hax:1901年-1978年)の『経営の実態維持』(1957年)がこれです。

* ハックス先生は,ドイツ会計学の父ともいわれておりますシュマーレンバッハの門下生の一人で,とくに,日独の学術交流に尽力されました。私はハックス先生のご家族の皆様とは親しくお付き合いをさせていただいただけでなく,お弟子さんのルール大学(ボーホム)教授・シュナイダー先生(Dieter Schneider:1935年-2014年)からも,公私にわたり,温かいご支援・ご配慮を賜りました。私がドイツ会計学の研究を続けられましたのも,両先生のご厚情に負うところ大であります。さらに,30年以上にわたるドイツ会計制度の研究に関しましては,ヴュルツブルク大学教授・フレーリックス先生(Wolfgang Freericks:1940年-)からの変わることのないご教示を賜っております。

さて,損益計算と維持すべき資本との関係につきまして,さらに見ていくことにしましょう。

(2) 企業観と損益計算との関連

ドイツにおける会計思考上の対立は,企業をどのようにとらえるかという企業観の相違にその原因があるように思われます。そしてそのことが損益計算のあり方にも関連しているように思われるので

す。ハックスによれば，現代の貨幣資本主義の時代には，企業は二重の性格をもつと考えられます。すなわち，企業は一方において一つの投資であり，出資者はそこからできるだけ大きな利益を引き出そうとします。他方，企業は総合経済の生産機構の一部分を構成しており，その枠の中で，一定の製品・サービスを提供しなければなりません。企業のもつこうした二面性から，いずれの企業観をとるかによって，異なる性格の損益計算の形態が導き出されます。企業に貨幣資本を投下した人は，少なくともその投下資本額の回収だけは保証されているということを要求します。したがって，ここでは投下貨幣資本額の維持が損益計算の前提となります。他方，企業を総合経済における製品およびサービスの生産単位としてとらえたときは，企業の生産能力の維持をはかることが一国経済の成長・発展にとって不可欠の要件となります。ここでは，投下貨幣資本の維持をはかることよりも，むしろ，企業の生産能力を構成している財貨つまり実体の維持をはかることが重要となります。

　損益計算の基礎にどのような企業観とそれに基づく維持思考を据えるかによって，損益計算の内容と結果である利益の大きさに差が生じます。前述の商品の仕入原価が上昇しているときには，最後に仕入れた商品の原価（時価）での費用計上によって利益は少なく算出されることになりますが，商品の再調達は容易となり，企業としては事業の維持・継続が可能となり，生産単位としての企業は維持されることになります。物価上昇期，とくにインフレーションの進

行下で「時価会計」の導入が検討されたり,その制度化がはかられたりするのも,こうした考え方に基づくものといえます。しかし,これを実践しようとする場合には,やっかいな問題が生じます。

　経済の成長・発展の過程においては,物価の上昇だけでなく,技術革新によって新しい形態・品質の製品が開発されます。物価の上昇につきましては,貨幣の購買力の減少として,「一般物価指数」を用いて換算されます。物価が二倍になるということは,貨幣の購買力が半分になったことを意味します。こうした換算をおこなった場合の資本は「購買力資本」とか「実質資本」と呼ばれております。また物価上昇を考慮しない場合の資本は「名目資本」と呼ばれております。これは賃金についても同様のことがいわれておりますことは,皆さんもよくご存知のとおりです。こうした換算は,一般物価指数が入手可能なときは,比較的容易におこなうことができます。しかし,より困難なのは,企業が技術の進歩や需要の変化を無視して,これまでと同じ品質・同じ価格の商品（製品）を仕入れ,加工しそして販売しているということ（これは「再生産的実体維持」と呼ばれております。）は,多くの場合,考えられません。企業の生産能力の維持をはかるためには,技術の変化,需要の変化そして物価の変動さらには経済のグローバル化という,企業をとりまく環境の変化にいかに適合していくかという問題が生じます。こうした企業の実体（生産能力）の維持をはかるための提言がさまざまな形でなされております。「給付等量的・発展順応的実体維持」という考え方

もそのひとつです。これは，二つの内容を結合したものです。すなわち，一つは経営の産出する給付（製品・サービス）は等量であるべきであるとする内容と，実体は技術的・経済的な発展に順応して適切に維持されるべきであるとする内容とを結合したものです。

こうした考え方によれば，生産過程で費消された生産財の再調達に際して，その時々の技術的・経済的な発展の動向に対応した財が購入されたときに，実体は発展順応的に維持されることになります。動態的な部門においては，技術はたえず進歩しており，市場状況もたえず変化しております。したがって，費消された財が以前と同一の種類・品質で再調達されることは稀なことといえましょう。そのような部門においては，機械・設備および製造材料はたえず改良されており，それまで経営において用いられていたものより一層大きな，あるいは質的により優れた製品やサービスを与えるようになるのが普通といえましょう。したがって，技術および経済の発展に順応した形で企業の実体を維持するためには，大抵の場合，当初のものとは違った新しい取替財を調達しなければならないことになります。そのような新しい，しかも質的に優れた取替財を調達することによって，経営は経済の変化・動向によく順応することができるようになるはずです。

このようにして，これは技術的・経済的な発展に順応した実体の維持をはかろうとするものですので，多くの場合，量的な増大につながることになります。しかし，そもそも維持を口にする以上は，

この量的な増大部分を維持の水準まで引き下げる必要があります。そのために追加されたのが，給付等量的実体維持という概念なのです。

給付等量的実体維持という考え方は，実体を財貨量それ自体としてではなく，等量の給付能力をもった財貨量として維持していこうとするものといえます。等量の給付の確保に必要な実体のたえざる再生ということが，この維持活動の目標とされております。この考え方によれば，費消された財の再調達はそれまでの給付能力を高めない範囲内で行われなければならなくなります。

以上が「給付等量的・発展順応的実体維持」の内容です。こうした考え方にしたがって，企業が損益計算をおこなえば，質的には技術の進歩とそれに基づく需要の変化という状況に順応しつつ，量的には等量の給付能力で維持されることになるはずです。それでは，このような実態の維持を可能にする費用の評価は，どのようにおこなわれるのでしょうか。エッカート（Horst Eckardt）は，その著書『工業経営の実体維持』（1963年，55頁）において，次のような費用計算式を示しております。

　　　　発展順応的代替財の価格÷給付能力の変化
　　　　　＝給付等量的・発展順応的費用

しかし，この費用計算の方法は，計算技術的に表現することが困難な，発展に順応した代替財の価格という未来値，さらには給付能力の質的な変化という不確実な要素を含むことになります。したがって，こうした費用計算は，たとえおこなわれたとしても，「近

似計算」とならざるをえません。ここに，この説の計算技術的な限界があり，これを企業内部での補助計算としておこなうことは可能であるとしても，社会的に広く受け入れられた計算とすることは困難となります。

それでは，どのような損益計算原理が社会的に広く受け入れられるのでしょうか。現実におこなわれている損益計算をみますと，それは，さまざまな問題を抱えているとしても，「貨幣資本計算」であるといわざるをえません。

(3) 貨幣資本計算

現在おこなわれている会計は，商法および税法の要求している貨幣資本計算です。これは，複式簿記を計算手段として，名目金額での資本あるいは「貨幣数値的に決定された原初資本」の維持をはかり，その超過部分をもって利益とするものです。ここで複式簿記が計算手段として採用されますのは，それが「貨幣資本的思考の最も完成した表現」とみなされているからなのです。この複式簿記の仕組みから，「投下貨幣で表現され，そしてさらに，ただ同一の貨幣額としてのみみなされる資本」が損益計算の論理的基礎とされるのです。したがって，ここでは，損益計算に際して，投下貨幣資本の維持・回収が前提とされ，利益は貨幣的剰余として，また損失はその減少として算定されることになります。その際，費用の評価につきましては，複式簿記との関連から，調達価格（取得原価）が基礎

とされます。

　このように，名目貨幣資本の維持を損益計算の基礎に据えることは，資本概念とその剰余としての利益と，その減少としての損失について，一貫的に説明することを，形式的にであれ，可能にしてくれます。こうした理由で，商法および税法は原則的にこの貨幣資本計算を損益計算の基礎原理としているのです。このような立場は，貨幣価値に著しい下落が見られない状況では，その論理的一貫性と計算の確実性とによって，法的にも支持されて会計実務に深く浸透していったのです。と同時に，そのことは，資本が実体という"くびき"から解き放たれて，その運動が国境を越えて，記号として世界中に拡散していくことが必然であることを意味します。これは，会計のメカニズムによって創出された，"お化け"がグローバルに跳梁跋扈するのに適した状況といえます。

　われわれは，経済のグローバル化が進展するなかで，現代の会計問題を考えるときには，こうした点を念頭においておく必要があります。とくに，2008年のリーマン・ショックによって引き起こされた金融市場の混乱とその後のさまざまな制度改革の状況をみますと，そこには会計との密接な関係 ― これは現代資本主義との関係ともいってよいのですが ― が存在していることに気付かされます。次の章では，こうした問題について考えてみることにしましょう。

第4章　国際会計基準・国際財務報告基準 (IAS/IFRS) について

　現代の会計問題を考察する際に無視できない影響力を持っておりますのが,「国際会計基準」(International Accounting Standards) と「国際財務報告基準」(International Financial Reporting Standards) です。以下，これらを IAS/IFRS と略すことにします。

　欧州連合 (EU) 加盟国では，2005 年から，若干の例外はあるにせよ，すべての上場企業はその「連結決算書」を IAS/IFRS にしたがって作成することが義務づけられております。また，2007 年 11 月 15 日には，米国証券取引委員会 (SEC) が，米国の証券市場を利用する際の提出書類（年度決算書および四半期決算書）として，IAS/IFRS に基づいて作成したものをも，2008 年度より，認めるという決定を下しました。

　こうした状況のもとにおいて IAS/IFRS の重要性は一段と高まり，我が国の企業および会計業務に携わる関係者にとっても，これらを無視することができなくなって来ております。以下，IAS/IFRS の内容のうちで，とくに，現代の会計問題を考えるうえで重要と思われるところを，要約的に取り上げることにします。

1 IAS/IFRS の基本的特色

　IAS/IFRS は,前章にみたごとく,有利な投資先を求めて,資本が国境を越えて蠢く,グローバル化した経済活動と関連して登場してきたものです。そしてそれは,将来的には,会計文書の作成・報告に関する国際的に統一化された基準として適用されるものになることが予想されます。したがって,これから会計を学ぼうとする者にとっては,IAS/IFRS は必修科目ともいえましょう。

　IAS/IFRS は英国・ロンドンに本部を置く「国際会計基準審議会」(IASB) によって作成されております。この審議会は会計報告に関する規則を定める国際的な私法上の基準設定者であり,会計報告に携わっている数多くの国々の種々の職業団体（例えば,公認会計士協会および経団連）の代表者によって構成されております。日本からの代表もこれに参加しております。

　経済のグローバル化と密接に結び付いている企業社会において,資本市場への指向性が強まる中にあって,国際的なビジネス・パートナー間の関係はますます密なものとなってきております。投資,契約の締結および営業条件に関する決定は,各パートナーの公表している情報に基づいて下されます。こうした国際的な新しい情報ニーズに応えるには,例えば,わが国の会計基準だけに基づいて作成される決算書では不十分です。それゆえ,国際的に通用する,比

較可能な年度決算書の作成を保証する，標準化された統一的な会計報告の基準を作り出すことが必要となります。こうした情報ニーズに応えるために開発されたのが，IAS/IFRS なのです。以下で取り上げます内容は，2008 年版の IAS/IFRS によったものです。

2　IAS/IFRS の構造

IAS/IFRS は次の三つの部分領域から構成されております。
- (a) フレームワーク。これは，一般的な条件ともいうべき「枠条件」を含み，かつ，IAS/IFRS に対する一般的基礎を形成します。
- (b) 個別基準。これには通し番号（IFRS1-8, IAS 1-41）が付けられており，個別の事象を規律するものとなっております。
- (c) 解釈。これは個別基準を具体化し，かつ，補充するもので，「常設の解釈委員会」(Standing Interpretation Committee) から公表されるところから，SIC8 といった記号がつけられております。

IAS/IFRS はフレームワークの上に個別基準および解釈が重ねられるという，三層構造をとっております。ここでのフレームワークは IAS/IFRS のいわば概念基礎を含んでいるにすぎず，これを具体化するためには，個別基準と解釈が必要となるということを示しております。これらの内容についてみてみましょう。

フレームワークでは，会計報告の基礎となるものとして，次のこ

とが記述されております。すなわち,

- ・年度決算書の目的
- ・会計報告の基本原則
- ・決算書項目の定義,計上および評価そして
- ・資本および資本維持概念です。

このフレームワークは,とくに,新しい基準を設定する際の指針として役立ち,あるいはまだ IAS/ IFRS によって規律されていない事象を取り扱う際の補助となるものです。

要するに,フレームワークは IAS/IFRS 会計の基礎となり,会計に対する基礎的要請に関する広範な考慮を含んでいるのです。そしてこの上に,個別の IAS/IFRS が構築され,さらに,それらの解釈を通じて,個別の基準がより詳細に具体化されることになるのです。

フレームワークの上に構築される個別基準は具体的な事象を規律し,次のような仕組みを備えております。

- ・まず,基準の適用領域が説明され,
- ・つぎに,適切な定義が示され,そして
- ・個別の規定がこれにつづくという構造となっております。

3 財務諸表の作成および表示に関するフレームワーク (IAS1:1997年改訂版) の特徴

これは,1989年4月に国際会計基準委員会 (IASC) によって承認され,そして 2001 年 4 月に国際会計基準審議会 (IASB) によっ

3 財務諸表の作成および表示に関するフレームワークの特徴

て採択されたものです。

なお，これらの事柄に関する詳細な情報は，http://www.iasb.org.uk にアクセスすることによって入手できます。また，これは膨大な内容を含んでおりますので，以下の記述は，ドイツの文献（例えば，Jörg Wöltje: IAS/IFRS, 2004 等）を参考にして，それをさらに要約したものとなっております。

このフレームワークでは，財務諸表を外部利用者（これには，現在の投資家，潜在的投資家，従業員，仕入先，顧客，政府機関および一般大衆が含まれます。）のために作成・表示する際の基礎となる諸概念が示されております。これに基づいて作成・表示される財務諸表はこれら利用者が「経済的意思決定」（その中心は投資決定です。）をおこなう際に「有用な情報」（企業の財政状態，業績および財政状態の変動に関する情報がとくに重視されます。）を提供することをその目的としております。ここで注意しなければならないことは，こうした財務諸表が「課税所得の計算」とは切り離されて，課税所得の計算問題はこのフレームワークの範囲外とされている点です。これは，わが国やドイツのように，決算書の作成と課税所得の計算とがリンクしている国の制度とは異なっていることを念頭においておく必要があります。

グローバル企業の課税所得の計算問題につきましては，税率の著しく低い「タックス・ヘイブン」を利用して「税の最少化」をはかること（このためには，有利な租税条約の利用，移転価格の操作，さら

には過少資本といったさまざまな方策が利用されます。）が，「利益の最大化」につながるとして，あらかじめ「利益計画」に組み込まれます。わが国で大きなビジネスをしている外国籍の有名企業が日本で法人税をほとんど支払っていないということが可能となるのは，こうした事情によるものといえます。

　IAS/IFRSに基づく財務諸表が，フレームワークで述べているように，はたして，本当に，課税目的とは無関係であるかにつきましては，なお検討が必要です。この問題の検討につきましては，別の機会に譲ることにします。

　さて，財務諸表の利用者のおこなう経済的意思決定は，「現金」（手許現金および預金）および「現金等価物」（短期の容易に換金可能な投資で価値変動のリスクがほとんど無いもの）を産み出す企業の能力とそうした産出のタイミングと確実性についての評価を必要とします。こうした要求に応える財務諸表は，「発生主義」と「継続企業」（ゴーイング・コンサーン）という基礎的前提のもとに作成されます。

　発生主義のもとでは，取引およびその他の事象の効果は，それらが発生したときに認識され財務諸表で報告されます。これは，伝統的な会計の重要な基礎となっていた「実現主義」（これによれば，収益は，販売によって，現金または現金等価物が受け取られたときに認識されます。）とは際立った対照をなすものです。フレームワークの述べているところによれば，この発生基準に基づいて作成された財務諸表は，その利用者に，現金の受払いを含む過去の取引について

3 財務諸表の作成および表示に関するフレームワークの特徴

だけでなく,将来において現金を支払わなければならない義務および将来において受け取られる現金を代表している資源についての情報も与えることになる,とされております。したがって,財務諸表では過去の取引およびその他の事象についての,こうしたタイプの情報 ── これは利用者が経済的意思決定を下す際に有用となるものですが ── が提供されることになります。換言すれば,財務諸表はその利用者が行う経済的意思決定(実質的には投資決定)に有用な情報を提供するものといえましょう。

さらに,財務諸表はもう一つの前提を基礎とします。「ゴーイング・コンサーン」がこれです。これは,通常の場合,企業は継続企業ともいうべきものであり,したがって,予見しうる将来においても,ひきつづき営業活動を継続して行うであろうという仮定に基づいて,財務諸表が作成されるというものです。ここでは,企業の清算とか営業活動の大幅な縮小といった事態は想定されておりません。こうした場合には,財務諸表は別の基準に基づいて作成されることになるからです。

こうした財務諸表作成の基礎的前提は,さらに,会計報告に対する質的な追加要請によって補足されております。「財務諸表の質的特徴」がこれです。これは,財務諸表の提供する情報を,その利用者に対して,有用なものにしようとする要請であり,次のものからなっております。

　・理解可能性:財務諸表の提供する情報は,明瞭で分かりやす

いように構成されていなければならない。
- 目的適合性：これは，情報の受け手（投資家）の意思決定に有用な情報が財務諸表に表示されなければならないという要請であり，そこには，IAS/IFRSの適用に関する基準としての「重要性」が属しております。
- 信頼性： 情報は，信頼しうるように，価値中立的かつ完全に表示されなければならない。この信頼性という要請は，さらに，次のような五つの個別原則によって具体化されます。
  - 公正な表示
  - 形式より実質優先（取引およびその他の事象が単にその法的形式によってではなく，その実質および経済的リアリティにしたがって会計処理されかつ表示されるという原則）
  - 中立性（財務諸表に含まれる情報が不偏であること）
  - 慎重性（米国会計では，保守主義と呼ばれております。不確実な条件の下で要求される見積もりを行う際には，ある程度の慎重さを含めること）
  - 完全性
- 比較可能性：企業間比較とともに期間比較が可能とならなければならない。そのためには，取引およびその他の事象の測定と表示の方法が，企業および期間にわたって一貫して適用されなければならない。

さらに，目的適合的で，信頼しうる情報に関する「適時性」，「コスト・ベネフィット間のバランス」および実務において上述した質

3　財務諸表の作成および表示に関するフレームワークの特徴　67

的特徴間のバランスをとることが必要であると述べられております。そしてこれらの質的特徴をふまえて，財務諸表の目的は，広範囲の利用者が経済的意思決定をおこなううえで有用な，企業の財政状態，業績および財政状態の変動またはキャッシュ・フローについての情報を提供することにある，と述べられております。そして最後に，財務諸表は経営者に運用を委ねられた資源についての責任（受託責任）の結果をも表示するものであるので，財務諸表は次の諸項目について，「真実かつ公正なる写像」を表示しなければならない（公正表示）とされております。

- 資産：過去の事象の結果として，企業によって支配されている資源で，そこから当該企業に対して，将来の経済的便益が流入することが予想されるもの
- 負債：過去の事象から生じる，企業の現在の義務で，その履行は経済的便益を具体化している資源の当該企業からの流出につながることが予想されるもの
- 持分：企業のすべての負債を控除した後の当該企業の資産に対する残余持分
- 業績：企業の利益（収益）と費用の関係で，損益計算書で報告されるもの
- 利益（収益）：持分の増加につながる，資産の流入（または増加）あるいは負債の減少という形での当該会計期間中の経済的便益の増加 ─ ただし持分参加者からの出資に関連するものは除く ─
- 費用：持分の減少につながる資産の流出（または減少）あるいは負債の発生という形での当該会計期間中の経済的

便益の減少 ── ただし，持分参加者に対する分配に関するものは除く ──
・資本維持修正

　ここで注意しなければならない点は，IAS/IFRSに基づいて作成された財務諸表が，広範囲の利用者の共通の情報要求に応えようとするものであって，特殊目的の財務報告書（例えば，課税目的で作成される計算書）とは直接的な関係はないということです。したがって，わが国に国際会計基準を導入する際には，いわゆる「トライアングル体制」（商法，税法および証券取引法に基づく決算の関係）の見直しをせまられることになりましょう。ただ，2007年11月15日に，米国証券取引委員会（SEC）が，米国の証券市場を利用する際の提出書類（年度決算書および四半期決算書）として，IAS/IFRSに基づいたものを2008年度より認めたことは，注意を要する点でしょう。さらに，IAS/IFRSでは，これまで重視されてきた「客観性の原則」という言葉が使われていないという点にも注意しておく必要がありましょう。これは，現代の会計が虚構性を強めてきているなかにあって，監査の果たす役割に変化が生じていることとも関係しているものと思われるからです。これにつきましては，なお，一層の考察が必要となりましょう。
　以下の一覧表はIAS/IFRSの基礎的特徴をまとめたものです。

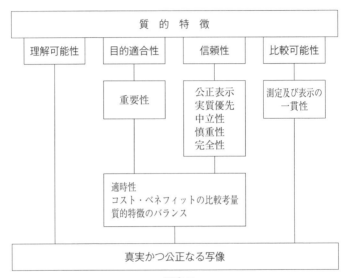

図表8

4 IAS/IFRSの適用に関する諸問題

(1) 適　用　時　期

　欧州連合（EU）内の多くの企業は，2005年から，その（連結）財務諸表をIAS/IFRSにしたがって作成することが義務づけられております。

　欧州議会の「IAS命令」にしたがって，2005年から，ほぼ7,000社のEU内の証券市場に上場している企業のすべてがその会計報告をIAS/IFRSにしたがって作成しなければならなくなったのです。これにより，これら企業の子会社もその会計報告をIAS/IFRSに適合させなければならなくなったことを考慮しますと，EU内では，相当多くの企業がIAS/IFRSを適用しているといえます。ドイツやフランスの会計教科書を調べてみますと，そのほとんどがIAS/IFRSを論述しております。これは，また，会計教育の内容もIAS/IFRSによって大きな影響を受けていることを意味しております。

　こうした状況をふまえて，ドイツでは，会計制度の改革が行われており，商法に基づく伝統的な年度決算書に代えて，資本会社はIAS/IFRSに基づいて決算書を作成できるようになります。そしてこれまでの商法に基づいて作成された貸借対照表および損益計算書は，「附属説明書」（ドイツでは，これも年度決算書とされております。）に記載されなければならないと規定されております（商法第264e条）。

4 IAS/IFRSの適用に関する諸問題　71

さらに,すでにふれましたように,米国証券取引委員会(SEC)が,2007年11月15日に,米国の証券市場を利用する際の提出書類(年度決算書および四半期報告書)としてIAS/IFRSに基づいて作成されたものを2008年度より認めるという決定を下したことも,IAS/IFRSの適用時期を考えるときに無視できない点となります。

(2) 財務諸表の構成

IAS/IFRSでは,図表8にみるとおり,投資家の意思決定に有用な情報の提供という,いわば投資家の保護が会計報告の上位目的として設定されております。ここでは,投資家すなわち自己資本の提供者が会計情報の主たる受け手(利用者)として想定されておりますので,この投資家の経済的意思決定に有用な情報の提供──とりわけ期間損益の公正な表示──が目ざされるという構造となっております。

さて,こうした目的に合致した会計報告手段として,どのような計算書類が財務諸表に含まれることになるのでしょう。一般的には,貸借対照表,損益計算書および付属明細書からなりますが,そこにどのような要素が含められるかは,企業の種類によります。

以下の一覧表は,IAS/IFRSとわが国の財務諸表の構成を比較したものです。

第4章 国際会計基準・国際財務報告基準(IAS/IFRS)について

IAS/IFRS	日本	
	「企業会計原則」・「財務諸表等規則」における財務諸表	会社法および「会社法施行規則」・「会社計算規則」における計算書類等（会社法では，財務諸表にあたるものは「計算書類」と呼ばれております。）
・貸借対照表（すべての企業） ・損益計算書（すべての企業） ・キャッシュ・フロー計算書（すべての企業） ・セグメント報告書（上場企業） ・株主資本変動表（すべての企業） ・一株当り利益（上場企業） ・状況報告書（企業状況に関する報告書の作成を推奨）	・損益計算書 ・貸借対照表 ・キャッシュ・フロー計算書 ・株主資本等変動計算書（貸借対照表の純資産の部の諸項目の変動明細を示したもの） ・財務諸表付属明細表（財務諸表に示された項目のうち，とくに重要な項目についての明細を示したもの）	・貸借対照表 ・損益計算書 ・株主資本等変動計算書 ・注記表（計算書類の重要項目について，補足資料を別表にまとめて記載して，計算および計算書類の内容理解に役立てようとするもの） ・事業報告（当該事業年度における事業の経過や会社の状況に関する各種の重要な事項を記載した報告書） ・付属明細書

　以上の財務諸表あるいは計算書類のうちで，貸借対照表と損益計算書が最も重要なものであることは，国際的にも，共通の認識になっております。ただし，IAS/IFRS による財務諸表が，投資家の意思決定に有用な情報の提供を上位目的としているところから，「発生主義」に基づいて，将来の予測を基礎とする評価，とりわけ，将来のキャッシュ・フローを見積り，それを一定の利率で割引いた現在価値（「割引現価」）を用いた評価によって，その内容が構成されている点は，注意しておく必要があります。これは，「債権者保護」

を重視して,「実現原則」(これは,販売による現金の流入が確実になった時点で収益(利益)を認識・計上する原則です。)と「慎重原則」(これは,将来の発生が予想される費用(損失)については,これをあらかじめ計上しておくという原則で,「保守主義」の原則とも呼ばれております。)によって,「利益の縮小」をはかるという傾向を強く持つ,伝統的な損益計算とは異なる点です。このことの意味を,以下で,考えることにしましょう。

(3) 財務諸表計上に関する問題

 貸借対照表には,資産,負債および自己資本(純財産)が,一定の貨幣額を付されたうえで,記載されます。損益計算書では,一会計期間の収益とそれに対応する費用ならびに両者の差額である利益(または損失)が表示されます。

 IAS/IFRSのフレームワークによれば,資産とは,企業が処分しうる状態にある資源で,それは過去の取引(事象)の結果であり,かつ,そこから将来の経済的便益が期待されるモノとされております。また,負債も同様に,現在の義務が存在しており,それが過去の取引(事象)の結果として生じたものであり,そしてその履行によって,経済的便益を有する資源が企業から流出することが予想されるモノとされております。

 こうした定義によれば,「利益留保性引当金」を含む各種引当金のうち,「負債性引当金」だけがその計上を認められることになり

ます。これでは、期間損益計算の適正化をはかるという理由で設定されてきた「費用性引当金」（例えば、「修繕引当金」のように、費用の先取り計上によって設定される引当金）は、設定が認められなくなります。引当金を設定するためには、企業外部の第三者に対する義務が存在していなければならないからです。「資産・負債アプローチ」をとるIAS/IFRSと「費用・収益アプローチ」をとる伝統的会計との違いがここにもみられます。

　さらに、注目すべき点として、IAS/IFRSにおける「実質優先」という考え方をあげることができます。これは、リースやデリバティブといった、「新しい型の会計実務」の取扱いについて、単にその法的形式だけに従うのではなく、その経済的実質・内容に従って判断すべきであることを要請するものです。例えば、リースについてみてみましょう。第三者（主としてリース会社）が法的所有権を有している機械・設備を、ある生産会社がリースで借り受けたとします。この場合、この生産会社がリース期間中はこれら機械・設備を実質的に支配する形で生産に利用していても、法形式的にみれば、生産会社の資産ではありません。したがって、これは生産会社の貸借対照表には表示されることはありません。いわゆる「オフ・バランスシート」となります。これでは投資家の意思決定に有用な情報が開示されないことになります。そこで、こうした取引を貸借対照表で表示すること（「オン・バランスシート」化すること）のために登場したのが、法形式より経済的実質を重視する「実質優先」なる

4 IAS/IFRSの適用に関する諸問題

論理なのです。ドイツでは、これに関して、「経済的所有権」なる概念が論じられ、それを取り入れた法改正も検討されております。

　伝統的な会計処理では、法的所有権のない賃借対象物は、貸借対照表上に資産としては計上されません。オフ・バランスシート取引となります。しかし、ここでみるようなリース対象物のように経済的に（実質的に）支配されている対象物については、この実質優先という論理によって、貸借対照表に計上することが認められます。つまり、オン・バランスシート化がはかられるのです。

　このことを、先に見た会計の役割・機能という点から考えてみますと、例えば、ある航空会社が飛行機を購入したときには、これを貸借対照表の資産の部に、固定資産として、その購入代金（これには若干の付帯費用も含まれます。）で、計上・表示されます。ここには、貸借対照表上の用語と数値（金額）によって表示されている記号表現とその指示対象との間に対応関係がみられます。これは、会計の基本的機能ともいえる写像といえましょう。しかし、同じ飛行機をリースによって導入した場合はどうでしょうか。この航空会社は、外見上はまったく同じであるにもかかわらず、リースで借り受けた飛行機は、法的には、貸し手であるリース会社によって所有されています。したがって、これを法的所有という観点だけからみれば、借り手である航空会社の貸借対照表に資産として計上・表示することはできません。実質的には同じ会社であるにもかかわらず、貸借対照表からは、異なった会社であるかのような印象を貸借対照

第4章 国際会計基準・国際財務報告基準(IAS/IFRS)について

表の利用者にあたえることになりましょう。極端な場合，すべての飛行機をリースで借り受けたとしますと，飛行機という固定資産を持たない航空会社となってしまいます。これでは，投資家の意思決定に有用な情報が提供されているとはいえません。こうした取引を貸借対照表上に記載することを合理化するためには，法的形式より経済的実質を優先させるという論理が必要となります。そこで登場するのが，実質優先思考なのです。これによれば，会社は法的には「他人のモノ」であっても，これを経済的に実質的に支配しているときは，あたかも「自分のモノ」であるかのように取り扱うことができるようになります。つまり，「他人のモノ」も「自分のモノ」として貸借対照表上に計上・表示できるようになるのです。これは，取得原価を基礎として貸借対照表に表示することを原則とする，伝統的な会計の考え方に反するものです。しかし，リースのような新しい型をもつ取引が登場してきますと，会計の機能も，また，これを制度化するための規則も変化するということが，ここからも，うかがい知ることができます。私は，1970年代以降，企業の資金調達方法の一つとして普及したリースに関する会計の実務・理論の状況およびこれに関連して改正または新設された法律・規則を総括して「現代会計」と呼び，そしてそれ以前の状況を「伝統的会計」と呼んでおります。

　しかし，現代会計の本質を解明するには，なお，検討が必要となります。その際に手がかりとなりますのが，先に述べました「ペン

ション取引」なのです。そこでは，リースの場合とは違って，法的所有権のない「他人のモノ」で，しかも「現物」も存在していない「非在のモノ」が，あたかも実在しているかのように，貸借対照表に表示されるのです。私は会計が果たすこうした役割・機能を「非在の現前化」機能と呼び，そこに，現代会計の本質を見出そうとしているのです。"会計はお化けだ"という所以です。貸借対照表に用語と数値（金額）で表示されている「記号表現」は何らかの「指示対象」をもっていないのです。しかし，この"お化け"にシーツという形式をかぶせることによって，われわれは実体のない"お化け"の姿・形を認識できるようになるのです。ここでのシーツが果たす機能が「非在の現前化」なのです。お化けの姿・形を認識するためにかぶせる形式（シーツ）の役割を果たすのが会計であるといえましょう。

デリバティブと呼ばれている多くの金融商品の取引が，会計という形式を通じてはじめて，この世に成立することができることを考えますと，会計を学ぶことの必要性をあらためて痛感しております。しかも，こうした新しい取引が実体経済の数倍の大きさをもって，世界中をかけめぐり，われわれの生活に少なからざる影響を及ぼしているのが現実です。こうした状況を会計との関係でどのように説明するかが，われわれに突きつけられている課題といえます。この小著は，ささやかながら，それに対する私なりの解答でもあります。

今日の世界経済の動向を理解するうえで，会計の果たす役割を認識しておくことは，きわめて重要と考えております。

(4) 一般的評価規定

会計における評価尺度として問題となりますのは，次の3つです。

・取得原価（歴史的原価）または製造原価
・時価および
・割引現価（公正価値）

このように，IAS/IFRSにおいて用いられる評価尺度は多元的です。これは，取引事実に基づく客観的数値としての取得原価（または歴史的原価）を基本としていた伝統的会計（原価主義会計）とは対照をなすといえます。IAS/IFRSでは，評価数値の客観性よりも，投資家の意思決定有用性を重視した，情報の利用目的に適合した多様な数値が採用されているのです。そして，ここでとくに注目すべきは，有形固定資産（IAS 16）と無形資産（IAS 38）の評価について，「原価モデル」と「再評価モデル」のいずれかの選択適用が認められている点です。

原価モデルでは，まず，当該資産の取得原価が，そして製品の場合は，製造原価が計上され，そこから減価償却累計額が控除された金額で評価されます。その際，減損が生じている場合には，これを控除します。

再評価モデルでは，「公正価値」（fair value）が信頼しうる形で測定できる場合には，これを再評価勘定に計上し，当該資産の再評価日における公正価値から減価償却累計額および減損が生じているときはその累計額をそれぞれ控除した金額で評価されます。この再評

価モデルは十分な規則性をもって適用されなければならないとされております。

ここで，IAS/IFRSにおいて推奨されている基本的な処理方法についてみてみましょう。まず，当該資産の取得原価または製造原価が一定の率および金額で計画的に減額されます。そしてその繰り越された取得原価または製造原価が，この資産に対して獲得可能な金額（回収可能額）と比較されます。獲得可能額の方が低いときは，その分について，計画外のまたは臨時的な減額記入が行われます。しかし価値の減少がその後の期間においてもはや生じていないことが明らかになれば，その分について，簿価の引上げ（増額記入）が行われます。

こうした価値の減少すなわち減損についてのテストは，次のように行われます。ある資産の「正味売却価格」（売却したときに客観的に得られるであろう，正味の売却価格）と「使用価値」（主観的性質の将来便益から得られるであろうキャッシュ・フローの割引現在価値）とを比較して，より高い価値が回収可能額とされます。そして回収（獲得）可能額が簿価より小さいときは，その分を減額するという形で，減損処理が行われます。

正味売却価格は販売市場で決定されます。その際，市場で通常行われている条件の下で獲得可能な売却価格から，必要とされる売却費用が控除されなければなりません。また使用価値とは，原則的には，すべての個別資産に対して，企業内部で決定されます。

これに代えて適用が認められている処理方法（再評価モデル）では，信頼しうる形で算定可能な時価（公正価値）から，減価償却累計額が控除されます。この時価が簿価より高いときは，たとえそれが取得原価（歴史的原価）または製造原価を上回っているとしても，この時価が計上されます。そしてこうした価値の引上げ部分（再評価額と簿価との差額）は，損益には影響を与えることのない形で（成果中立的に），自己資本の一部を構成する「再評価剰余金」に振り替えられます。

ここで問題となりますのは，この再評価剰余金が資本修正の性質を有するものなのか，それとも，いずれ利益に振り替えられる性質のものであるのかということです。かつて，ハックス（Karl Hax）は，その「実体維持論」を展開するなかで，「拡大された実現原則」というものを主張しました。これは，時価での再評価によって生じた簿価との差額を「実体維持積立金」に計上しておくが，企業の解散時には，それが利益として実現するものとするという原則，それまで利益の実現を引き延ばすということ，つまり，実現時点をそれまで拡大するという考え方です。これに対して，IAS/IFRSによる再評価法では，減価償却計上部分に対応した金額が，その都度，再評価剰余金から利益準備金に振り替えられるという点では異なります。

さて，IAS/IFRSにしたがって再評価法を適用するとすれば，公正価値での再評価を行う可能性が生じます。しかも，その際には，取得原価を超える増額記入（増価）が行われることになります。こ

うした再評価法がどのような機能を果たすものであるかを明らかにするために，無形資産についてみることにしましょう。

(5) 無形資産の評価について

IAS 38によれば，「無形資産」とは，物質的実体のない識別可能な非金銭的資産で，生産に利用され，第三者に賃貸されうるものと定義されております。例えば，ソフトウェア，特許権，ライセンスおよび著作権等がこれに属します。IAS 38にしたがえば，有償で取得された無形資産だけでなく，ソフトウェアのような自家製造の無形資産についても，資産計上が義務づけられております。その際，前提とされるのは，取得原価または製造原価が信頼しうる形で算定されうること，そしてその無形資産が企業の価値（経済的効用）を高めるというものです。

さて，こうした無形資産という実体のないモノを，会計上の用語と数値（金額）という記号を用いて表現し，可視化するというところに，会計の果たす役割・機能をみることができるのです。その意味で，無形資産の会計問題は，現代会計の性質を解明するうえで，とくに重要であると考えております。そこで，以下では，事例を用いながら，この問題を考えることにします。なお，こうした事例につきましては，IAS/IFRSの解説書（例えば，IASB, International Financial Reporting Standards (IFRSs) 2008; Jörg Wöltje, IAS/IFRS, 2004) を参考にしました。

82　第4章　国際会計基準・国際財務報告基準(IAS/IFRS)について

事例1　特許の取得

　YS株式会社が新しい製造方法を開発し，それに対して特許を取得したとします。この製造方法のために，300万ユーロを出費しました。この特許は500万ユーロで売却可能となるとします。IFRSによれば，YS株式会社はこの開発費300万ユーロを固定資産たる無形資産として計上しなければなりません。というのは，そこから経済的便益が期待できる資産が存在しているからです。こうすることによって，会計上，300万ユーロだけ多い利益が創出されます。

事例2　研究・開発費

　IAS/IFRSによれば，一般的に，研究費は資産計上してはならないとされております。しかし，新製品の開発や新しい製造方法の開発のための出費，すなわち，開発費については，以下に示す一定の基準を満たしたときは，これを資産計上しなければならないとされております。

- ・技術的実現可能性：開発が自然法則に反しない。
- ・開発の意図：企業がその資産を利用しているか，あるいは，売却しようとしているか，したがって，この開発を完了させようとしているか。
- ・利用または売却の可能性：当該製品が既存の生産計画および販売計画に適合しており，これに対応する生産能力が存在しているか，または調達可能である。
- ・将来の経済的便益：当該製品に対する需要が存在しており，キャッシュ・フローが得られる可能性がある。
- ・開発を完了させる能力：企業が開発を完了させるために使用

4 IAS/IFRSの適用に関する諸問題　83

　　しうる資金的,人的,技術的およびその他の手段を有している。
　・開発完了時の処理：資産計上義務
　・その他の場合：資産計上禁止

　これらの基準には,部分的に,見積りが困難な内容が含まれておりますので,IAS/IFRSにしたがった開発費の資産計上につきましては,操作の余地を残すことになります。このことは,とくに,技術的実現可能性についていえます。したがって,開発費の資産計上に関しましては,事実上,選択権が認められているといえましょう。

　こうして資産計上された開発費の償却につきましては,IAS 36にしたがって,資産計上された開発費から将来期待される経済的便益が,簿価を下回ったときは,その差額が減損として処理されます。

事例3　のれん（グッドウイル）

　これまで,たびたび,"会計はお化け"だと申してまいりましたが,これは会計の本質を,用語と数値（金額）という記号（形式）を用いて,この世に存在しない"お化け"に,あたかもそれが存在しているかのように姿・形を与え,われわれの目に見えるようにする機能（これを私は"非在の現前化"機能と呼んでおりますが）のうちに見出そうとする考え方によるものです。これを,私は,記号機能論と呼びました。このことを理解するうえで格好の事例が「のれん」なのです。会計の役割・機能とはどのようなものかという問題意識を持ちながらのれんのことを考えてみましょう。

　のれんとは,ある企業全体を買収する際に,その企業から将来得

られるであろう収益（利益）を考慮したうえで、買い手企業が被買収企業の負債を差し引いた後の個別資産の合計額を超えて支払う差額です。いわば企業の価値ともいうべきものです（ドイツではまさにそれを「企業価値」(Firmenwert)と呼んでおります）。こうしたのれんを産み出す要素としては、経営管理が優れていること、合理的な製造方法、優秀な専門スタッフ、能率的な事業組織、さらにはよい立地や顧客関係を有していることなどがあげられております。ただし、その際、「自己創設のれん」と「有償取得のれん」とは峻別されなければなりません。

　IAS 38によれば、自己創設のれんについては、これを資産として計上することは禁止されております。といいますのも、それが、信頼しうる形で測定可能な、当該企業が支配している「識別可能な資源」ではないからなのです。しかし、有償取得のれんについては、資産計上が命じられているのです。

　なお、この有償取得のれんは、次のようにして、計算されます。

　　企業の買収価格（購入価格）
　　－(被買収企業もしくは被合併企業の資産の時価－負債の時価)
　　―――――――――――――――――――――――――――
　　＝のれん

〔のれんの計算例〕
　YS株式会社がOB有限会社を1,000万ユーロで買収する。OB

有限会社の資産の時価は1,200万ユーロで，負債は500万ユーロであった。ここでは，純財産は700万ユーロとなるので，これに1,000万ユーロを支払うとすれば，300万ユーロののれんが生じることになります。

　つまり，通常は，われわれには識別できない"お化け"が，会計上の用語（資産）と数値（金額）という記号によって形を与えられることによって，この世に出現することができるようになるのです。われわれが目にしているのは，実体のないモノの虚像ともいえるのです。ここに，会計の重要なはたらきをみることができるのです。

　IAS 36によれば，資産計上されたのれんは，その後の年度において，少なくとも年1回「減損テスト」がおこなわれ，価値の減少が確認されたときは，それまでののれんの簿価と時価との差額が減損として処理されます。その他の場合は，償却することは禁止されております。また，研究・開発の理由で，その後に，のれんの増価が生じたとしても，のれんの増額記入を行うことは許されません。

　こうした「減損テスト」をおこなう際の価値尺度となるのが，「回収可能額」です。市場価格を算出または見積ることができないときは，これは，将来のキャッシュ・フローを見積り，それを一定の利率で割引くことによって算出されます。

　なお，回収可能額は「正味売却価格」と「使用価値」のうちより高い価値とされております。正味売却価格は「売却価格－売却費用」から算出され，使用価値は将来の使用から生じるキャッシュ・フロー

の割引現価として計算されます。

このように、耐用年数にわたって計画的に減価償却をせずに、減損テストだけによってのれんの評価をおこない、それに基づいて減額記入をおこなうことは、多くの主観的要素に基づく会計政策上の、または操作上の余地を残すことになります。次の一覧表は、IAS/IFRS にしたがったのれんの償却に関する新しいルールの長所と短所をまとめたものです（Jörg Wöltje, IAS/IFRS, 40頁）。

長所	短所
計画的に償却が行われないので、より高い利益が表示される。	経営者に対する会計政策上の余地が拡大する。これは「真実かつ公正なる写像」原則に反する。
のれんの評価が市場に従って行われる。	伝統的な損益数値が重要性を失う。
のれんの償却年数の見積りは問題とならない。	減損処理によって会計報告の継続性が減少する。
経営者の責任が増大する。	場合によっては、自己創設のれんを資産計上する可能性が生じる。

このように、企業の価値を表すといわれるのれんの価値は、将来のキャッシュ・フローの予測に基づいて、それを一定の利率で割引いた現在価値によって測定されることになります。したがって、これによれば、企業の業績が良くなると予想されれば、のれんの償却費計上は行われませんので、その分、利益は大きく表示されること

になります。また逆に，業績の悪化が予想されますと，のれんの減損が計上されることになり，その分，利益は減少することになります。つまり，こうした減損処理は，それによって生じる損益の変動幅（ヴォラティリティ）に影響を与え，さらに，それを見て投資の決定を下す投資家の判断に少なからず影響を及ぼすことになります。株式市場での株価の乱高下の要因を分析する際には，こうした会計的側面も考慮する必要がありましょう。会計のメカニズムを通じてこの世に出現した"お化け"が，経済活動に悪さをし，そしてそれがひいてはわれわれの生活にも影響を及ぼすことにもなりかねません。会計はわれわれの日常生活にもかかわりのあるものといえるのです。会計を学ぶことの意義は，この点にもあるといえましょう。

第5章　SOX法
― 会計に対する監視体制 ―

　前章でみましたように，のれんという実体のないモノが，会計上の用語（勘定科目）と数値（金額―それも見積りに基づく政策的大きさ―）という記号を与えられることによって，あたかも実在しているモノであるかのように，会計文書上に表示されるのです。"お化け"がシーツをかぶって現れているのです。このシーツをはぎ取ってしまったら，そこにはなにもないのです。それだけに，「ないモノを在るかのごとく」に思わせる，あるいは信じ込ませるためには，会計文書上の記号表現が信頼できるものであるようにしなければなりません。そのためには，会計文書上の記号表現に対する社会的な認証と監視体制の強化が不可欠となります。米国では，そのための法律として，2002年に，いわゆるSOX法が施行されました。これは米国内の証券市場を利用する企業を規制するものであり，我が国の企業とその監査を担当している会計事務所にも関係するものですので，ここで，その概要を取り上げることにします。

　2001年のエンロン（Enron）社をはじめとして，GlobalCrossing, Tyco, WorldCom, Adelphia, それにHealthSouthといった，米国における大企業があいついで倒産しました。その過程で，オフ・

90 第5章 SOX法 ── 会計に対する監視体制 ──

バランスシート取引や「特定目的企業」(Special Purpose Entities) を利用した不正経理ならびに証券取引に関連した詐欺的行為が広くおこなわれていたにもかかわらず,既存の制度の下では,これを阻止できなかったことが明らかになりました。

こうした事態を受けて,米国議会は,投資家と公益の保護を目的として,2002年6月に,「証券諸法にしたがって行われる会社のディスクロージャーの正確性および信頼性を改善することによって投資家を保護すること,およびその他の諸目的のための法律」という長たらしいタイトルの法律を成立させました。この法律は,法案提出の二人の議員の名前を付して,通常,「サーベインズ・オックスリー法」(Sarbanes-Oxley Act)とか,これをさらに圧縮して,SOX法と呼ばれたりしております。以下では,SOX法という略称を用います。

さて,この法律は,1929年の大恐慌からの回復過程で制定された,1933年証券法および1934年証券取引法以降,最も重要な法改正であるといわれております。とりわけ,それは上場会社の会計に対する監視体制の強化という点にその特徴をみることができます。なお,以下で引用する法律条文は,2002年7月30日付の法律(H・R・3763-66)によっております。

1 監査制度の改革

前述の大型倒産によって失われた,会計情報に対する社会的信頼を回復させるために,SOX法はそれまでの「企業統治」(コーポレ

イト・ガバナンス）の在り方を大きく変更し，証券取引委員会（以下，SEC と呼ぶことにします）の下に，「公開会社会計監督局」（Public Company Accounting Oversight Board：以下，PCAOB と呼びます。）が設置されました。同時にまた，監査人の独立性が強化され，内部統制をも監査の対象領域に含め，会社の役員（業務執行役員および財務担当役員）の責任の範囲が拡大され，さらに，不正経理および証券詐欺に関する罰則が厳格化されました。その際，とくに注目すべきは，SOX 法によって，監査のプロの「自治」が否定され，PCAOB という新しい機構がこれに取って代わった点です。この PCAOB に，米国の資本市場を利用する公開会社を監査する会計事務所を登録させ，PCAOB がこれら会計事務所を検査し，場合によっては，懲戒処分をなす権限を与えられたのです。さらに，PCAOB が，会計基準，監査基準および倫理綱領を設定し，あるいはそれらの設定を監督することになったのです。

その上で，会計情報の信頼性の回復に不可欠な監査人の独立性を高めるために，SOX 法は公開会社の監査人に対して，その監査クライアント（監査を受ける企業）に，非監査サービス，とりわけ，コンサルティング・サービスを提供することを禁止しております。

なお，税務サービスの提供につきましては，証券発行者の「監査委員会」（audit committee）による事前の承認を得ることを条件に認められる余地が残されました（SOX 法 セクション 201）。

さらに，監査人は 5 年で交替することが要求されており（同法 セ

クション203),監査作業に関わる書類を5年間保存しなければならないと規定されました(同法 セクション802)。

このように,米国においては,SOX法の制定によって,監査制度の在り方が大きく変更されました。すなわち,それまでの監査制度の主役であったアカウンティング・プロフェッション(会計のプロ)の権威が後退し,国家機関であるSECならびにその下に設置されたPCAOBが直接的に会計情報の信頼回復に取り組む体制がとられるようになったのです。言い換えれば,現代の会計実務の性質が,これまでの会計のプロの権威をもってしては会計情報の信頼性を担保することができなくなり,国家の権威による直接的な支持によって,はじめて,その信頼性を担保することができるような状況を生み出しているといえましょう。ここにも,"会計はお化けだ"ということの意味を考える手がかりがあるように思われるのです。しかも,日本の企業で,米国の資本市場を利用して資金調達をおこなう場合には,こうしたPCAOBによる監視体制の下におかれることになります。SOX法はわれわれ日本で会計に携わっている者にも看過できないものとなっているのです。

2 SECの役割の拡大

こうした制度改革を促進させるために,SOX法は米国会計制度の中心的担い手であるSECの予算規模を拡大し,そこに新しい権限を付与して,権限の強化をはかりました。例えば,次の点です。

(a) SECが不適任と判断した者については，裁判所の命令がなくても，公開会社の役員に就任することを禁じることができる（SOX法 セクション305）。
(b) 捜査の進行中に役員等による異常な金額の資金流用がおこなわれないようにするために，裁判所の監督に従うことを条件に，勘定を凍結することができる（同法 セクション103）。
(c) 予算権限が認められた（同法 セクション601）。1934年証券取引法第35条が改正され，予算計上する権限が与えられているその他の資金に追加して，SECの機能，権限および責任を遂行するために，SECに対して，2003財政年度については，7億7,600万ドルの予算を計上する権限が認められた。なお，2002年度予算は4億3,800万ドルであった（Robert Prentice, Student Guide to the Sarbanes-Oxley Act, 2005, 44頁）。

3 財務報告に対する会社役員の責任

SOX法は，業務執行の代表役員（CEO）および財務担当の役員（CFO）に対して，その会社がSECに提出する書類（年度報告書および四半期報告書）が正確であることを証明することを要求しております（SOX法 セクション302）。この規定には，次のような内容が含まれております。すなわち，

(a) 署名役員がその報告書を精査している
(b) その報告書が重要な事実について不正な記述を含んでいないか，もしくは，誤解を生むものでない
(c) 財務諸表および報告書に含まれている財務情報は，当該期間の財政状態および営業活動の成果を公正に表示している
(d) 署名役員は，内部統制を確立し，かつ，それを維持する

責任を負い，その有効性を評価し，その結論を報告書に表示するものとする。また，
(e) 署名役員は，内部統制の設計または運用に関する重大な欠陥もしくは弱点，ならびに，内部統制において重要な役割を果たしている経営管理者もしくはその他の被用者を含むすべての者の詐欺的行為を開示しなければならない。さらに，
(f) 署名役員は，重大な欠陥および重要な弱点に関する何らかの矯正的行動を含めて，内部統制に重大な影響を及ぼしうる，内部統制もしくはその他の要素における重大な変更があったか否かについて，これを報告書で示さなければならない。

このように，業務執行の代表役員（CEO）および財務担当の役員（CFO）は，自らの意見が信頼しうる情報に基づいたものであることを保証するために，内部統制システムを配置したことを証明しなければならなくなったのです。しかも，それが財務諸表の監査と同様に，外部監査人によって監査されなければならないとされているのです。しかし，同時に，こうした内部統制システムの配置，評価，運営および監査が多くの企業にとって大きな負担になっていることも指摘されております（William M. Sinnet and Ellen M. Heffes, Section 404 Implementation: Is the Gain Worth the Pain?, Financial Executive, May 2005, 30-32頁）。SOX法 セクション404に従うことによるコストは，Financial Executives Internationalの2005年3月の調査では，217社について，平均430万ドルの追加費用が発生していることが報じられています。2004年7月に行った見積りの38パーセント増となり，また，従業員が費やした時間は1社当り平均26,000時間

とされています。

4 コーポレイト・ガバナンス

　SOX法は，公開会社（上場会社）が独立した役員から構成されており，しかも，少なくとも1名の財務担当の専門家を含む「監査委員会」を有していることを要求しております。すなわち，同法セクション301の(3)では，この監査委員会の各委員は，(証券の)発行者の取締役会の一員であるべきであり，また，そうでない場合には，独立した者であるべきであると規定されています。その上で，さらに，この者は，監査委員会の委員としての資格以外に，

　　(a) 発行者から，コンサルティング料，顧問料またはその他の
　　　　報酬を受け取ること，
　　(b) 発行者の同族者もしくは補助者となること

　が禁じられています。

　また，セクション407において，この財務担当の専門家について，次のような要件を満たしている者とされております。

　　(a) 一般に認められた会計原則および財務諸表についての理解
　　(b) 財務諸表の作成または監査の経験
　　(c) 内部統制を行った経験
　　(d) 監査委員会の機能についての理解

　この監査委員会は，セクション301にしたがって，取締役会の委員会としてのその資格において，監査報告書の作成または発行とい

う目的,または,これに関連する作業に対して(財務報告に関する経営管理者と監査人との間の意見の相違の解消を含めて),発行者の利用する登録済公共会計事務所の指名,報酬および作業の監視に関して直接的な責任を負うべきものとされています。そして当該登録済公共会計事務所は,監査委員会に,直接報告すべきものとされております。

その上で,さらに,セクション204により,登録済公共会計事務所は,発行者の監査委員会に,次のことを適時に報告すべきものとされております。

(a) 利用されるすべての重要な会計政策および実務
(b) 一般に認められた会計原則内での財務報告の二者択一的処理,それがもたらす派生効果,および登録済公共会計事務所によって選択された処理
(c) 登録済公共会計事務所と発行者との間のその他の書面による重要なコミュニケーション

こうした監査委員会は,米国におけるコーポレイト・ガバナンス(企業統治)にとっては比較的新しいものですが,公開会社に対してその設置が要求されており,これにより,SOX法以前の状況と比較して,平均的な取締役で,毎月50パーセントも多くの時間を費やしているといわれております。

監査委員会は,さらに,セクション301の(4)により,

(a) 会計,内部会計統制または監査問題に関して,発行者によって受け取られた告訴の受け入れ,保留および取り扱い,および

(b) 発行者の被用者（従業員）による，疑わしい会計または監査問題に関する懸念の内容・匿名での提出に関して

手続きを確定しなければならないとされております。とくに，公開会社の被用者で詐欺的行為に関する証拠を提出する者（内部告発者）の保護を目的として，セクション806が設けられております。ここでは，こうした被用者によってとられた法的行為を理由として，この者を解雇し，降格させ，停職処分をおこない，脅迫し，嫌がらせをし，あるいは何らかの方法で差別してはならないと規定されているのです。また捜査に際して情報を提供し，あるいは連邦証券法違反に係る訴訟において，内部告発者を報復から保護するための民事上の損害賠償行為も規定されたのです。

SOX法の制定までは，米国におけるコーポレイト・ガバナンス問題は，主として，州議会および州裁判所の管轄とされていましたが，SOX法の施行によって，こうした状況に変化が生じ，連邦政府がコーポレイト・ガバナンスを形成する際の主役を演じることになったといわれております。

5　証券アナリストの実務に対する規制

SOX法 セクション501は，証券アナリストの実務に対しても，新しい内容を規定しております。すなわち，証券アナリストの雇い主が，投資銀行業務を求めているその会社の株式を，前もって，偽って賞賛せざるをえないような動機づけを与えることのないような規

98　第5章　SOX法 ─ 会計に対する監視体制 ─

定が設けられたのです。例えば，証券アナリストの報酬を投資銀行が得た利益に基づいて決定することを禁じ，投資家，証券アナリスト，ブローカーまたはディーラーにとり重要な利益相反について，その開示が求められることになったのです。

6　罰則の強化および企業責任の拡大

　SOX法 セクション807は，証券詐欺罪に関する新しい規定を連邦刑事法典（合衆国法典タイトル18）に追加しております。これにより，公開会社の証券の売買に関連して，貨幣もしくは財産を，虚偽のもしくは詐欺的な言質，提示または約束によって獲得することに対して，科料および/または25年以下の禁固刑が設けられました。また，セクション802では，文書の改ざんに対して科料および/または20年以下の禁固刑が規定されており，更に監査人に対して，監査もしくはレヴューの作業調書の保存期間が5年と定められております。しかし，SECはこれを7年に延長しております。なお，故意に，これに違反したときは，科料および/または10年以下の禁固刑に処せられます。

　さらに，SOX法 タイトルIXにおいて，ホワイト・カラー犯罪についての罰則が強化されています。セクション902では，郵便，電信または証券に関する詐欺行為を共謀して犯した者について，実質的違反を犯した者としてこの者を罰することが規定されております。セクション903では，電信詐欺および郵便詐欺（これらは，し

ばしば，証券詐欺に含まれるのですが）に対して，最大可能な禁固期間が5年から20年へと引き延ばされております。セクション904では，1974年の「被用者退職所得保障法」(ERISA) 違反に対する罰則が，金額および期間について，それぞれ引き上げられております。セクション905は，ホワイト・カラーに対する量刑指針の見直しと改定を「合衆国量刑委員会」に指示しております。

　財務報告に対する会社役員の責任について，セクション906において，業務執行の代表役員（CEO）および財務担当の役員（CFO）に対して，SECに提出される財務報告が証券発行者の財政状態および営業成果を，重要な点すべてにおいて，公正に表示していることを証明することが要求されております。これに違反したときの刑事罰として，報告書が本セクションに示されているすべての要求には一致しないということを知りつつ証明を行ったときは100万ドル以下の科料もしくは10年以下の禁固，または，その両方に処せられます。その際，故意にこれを行ったときは，500万ドルの科料もしくは20年の禁固，またはその両方に処せられます。

　SOX法 タイトルXIは，会社の不正行為に関する説明責任（アカウンタビリティ）を規定しております。とくに，セクション1105では，不正行為をはたらいた会社の役員が，他社の社員に，条件付もしくは無条件で，そして恒久的にもしくは一定期間，就任することを禁止する命令を出す権限をSECに認めているのです。セクション1106では，1934年証券取引法の諸規定の違反に対する刑事罰が

引き上げられ,個人の違反者に対しては,罰金を100万ドルから500万ドルへ,禁固期間を10年以下から20年以下へと変更し,さらに,事業所については,罰金が250万ドルへと大幅に引き上げられました。

なお,罰金の査定の結果として,PCAOBによって徴収された資金は,公認の会計学位プログラムに入学した学部生および大学院生に対する奨学金として使用されるべきものとされております(セクション109)。

7　内部告発者の保護

内部告発者の保護に関しては,監査役会および内部告発者の告訴を取り上げる仕組みの設置を命じたセクション301および内部告発者に民事上の損賠賠償の訴訟を起こす権利を与えたセクション806に加えて,さらに,内部告発者を報復から守る規定がセクション1107に設けられています。これによりますと,連邦法違反もしくはその可能性に関する「真実の情報」を法の執行官に提供することに対して,いかなる者の合法的な雇用または生計への干渉を含めて,いかなる者に対しても有害な行動を,故意にすなわち報復の意思をもって,とる者には,本タイトルの下での科料が課せられ,10年以下の禁固またはその両方に処せられることになります。

なお,この規定に基づいた刑事告発は,これまでのところ,まだなされておりません。しかし,米国における従業員の監督者はすべ

てこの規定と罰則について認識しておかなければならないとされております（Robert Prentice, 前掲書, 59頁）。

8　SOX法の及ぼす国際的影響

　1,450社以上もの外国の公開会社が米国の証券市場に参入しておりますので，米国議会はSOX法の諸規定をこれらの会社にも適用できるようにしました。しかも，外国の会計事務所がこれらの会社のほとんどを監査しておりますので，SOX法はこれら事務所にもPCAOBに登録することを要求し，米国の法律規定に従わせるようにしております。米国の法律をこのように国境を越えて適用させることにつきましては，今後，さらに議論されることになりましょう。しかし，同時に，PCAOBによる監査基準の設定とそれとの関連で生じる内部統制問題，とくに，「リスク・マネジメント」との関連については，なお，問題が残されております。

　われわれはSOX法の内容にみられるように，会計に対する社会的不信を払拭すべく厳しい監視体制が構築されていることをうかがい知ることができます。しかし，このような会計制度の改革が所期の目的を達成しえたかという点につきましては，はなはだ疑わしいとしかいえません。2008年9月に生じた「リーマン・ショック」は，用語と数値（金額）という記号によって，この世に実在していないモノを，あたかも存在しているかのようにみせるはたらき（非在の現前化機能）をする会計の仕組みが，いかにコントロールしがたい

ものであるかを証明しているように思われるからです。

　現代の資本主義経済は，本来一体となって動くべきモノとマネーとが分離して，マネーが実体的裏付けのない，国家による「信認」だけが頼りの段階に立ち至ったといえます。現代は，そうしたいわばニセ物が本物であるかのような顔をして跋扈している時代ともいえます。

　このようなマネー主導の経済状況の下では，金融工学を応用した多様な形態の金融商品・デリバティブ（例えば，利子率，為替相場，原材料価格，物価指数あるいはその他の変数を組み合わせた契約で，将来のある時点で履行される，未履行の契約関係ともいえるものであり，実体の裏付けを必要としないものです。）の登場によって，会計上の概念（用語）── 例えば，資本と負債の区分 ── も，評価（計算モデルを用いた公正価値）も，不確かなものとならざるをえません。

　現在，世界中で，会計に対する国家による監視や監督体制の強化が叫ばれておりますのは，こうした不確かさに起因するものといえましょう。"会計はお化けだ"と申しましたのも，こうした状況のなかで会計を学ぶことの意義は大きいということを皆さんに理解していただきたいという気持ちからなのです。ご参考になりますれば，仕合わせです。

解　説

　会計は「お化け」である。では，お化けに譬えられる会計は，どのように研究すべきであろうか。そもそも，会計を「お化け」とみなすことの意味は何か。本書は，敢えて，こうした奇異に感じられる疑問を提起して，コトの重要性に注意を喚起すべく著わされた，基礎的な「会計研究入門」の書である。"写像論から記号機能論へ"，これが本書に示された解答である。

　第1章から第3章までは，問題の所在を提示し，会計上のリアリティー（現実性）を論じ，歴史的考察の重要性を指摘した上で，会計研究の在り方が説かれている。第4章は，IFRSを取り上げることにより，指示対象を持たない記号表現としての"用語と数値（金額）"が機能する，その典型的な側面を克明に分析している。第5章では，記号としての用語と数値（金額）が経済に対して重大な作用を及ぼしている事実に鑑み，この記号を制御すべく新たな枠組みが社会的・制度的に形成された事実を提示し，会計に対する社会的・制度的考察の必要性が強調されている。

　さて，財務諸表等を一瞥してわかるように，会計は文書であり，会計現象は文書現象といえる。会計が文書である以上，その機能は，文書上の事柄を証明するところにあり，それ以外の何ものでもない。文書上の事柄が事実であるか否かということは，別次元の問題であ

る。とはいえ,文書それ自体の作成は,一定の目的に拠るものであり,場合によっては,当該目的の達成上,事実の裏付けが取られることもある。しかし現在,会計文書上の事柄は,これを事実との照合（実地調査）によって確認し得るものに限定することにはなっていない。いわゆる「正確な写出」論— 会計は,そのメカニズムの枠外に存在する指示対象（実体,実態ないしは事物）を写し出すとみなす思考様式（写像論）— が当てはまらない事象が多々生起しており,かかる事象の金額的規模は,経済の金融化の進展に伴って増大の一途をたどっているのである。

ここで次の3つのケースを想定,比較してみよう。ケース①のように,指示対象Aが会計のメカニズムの枠外に存在する場合,このメカニズムが生成する会計的事象Aは,当該指示対象の存在によって識別され,正当化される。②の場合には,こうした識別・正当化は,指示対象Bの別の側面Cによって行われる。Bを形式的側面,Cを実質的側面と見立てれば,いわゆる実質優先思考に拠った場合といえる。

	指示対象	会計のメカニズムの機能（会計的事象の成形）	会計的事象
ケース①	A	数値(金額)→ "用語A＋数値(金額)"→会計的取引A	A
ケース②	B（C）	数値(金額)→ "用語C＋数値(金額)"→会計的取引C	C
ケース③	×	数値(金額)→ "用語D＋数値(金額)"→会計的取引D	D
	×	シーツ	お化け

③は，①および②のケースとは違って，そうした「指示対象と会計的事象の対応関係」（写像関係）が成立しない場合，したがって，会計的事象Dの識別・正当化に際しては指示対象の存在を持ち出すことが不可能な場合である。

　こうした，ケース③にみる会計上の用語と数値（金額）の組合せ，それにより創出される会計的取引，そして当該取引に合意を取り付ける仕組みは，本書ではシーツに譬えられている。用語と数値（金額）の組合せは無限であり，各種の会計的取引が創出される。その意味では，現代会計を特徴づける，会計のメカニズム（認識・測定モデルによる事象選定，複式簿記によるシンボル化，表示様式の設定）の枠外に当該の指示対象を持たない会計実務の場合には，特定の組合せは同メカニズムの枠内（会計ルールの適用範囲内）で通用するのみであり，それは，まさに記号に外ならない。

　"シーツ「お化け」"にとって，シーツは，この「お化け」を認識せしめる機能を担っている。シーツが被せられている当該実体が誰であれ，どのような物であれ，存在していようといまいと，それは問題ではない。シーツという形式・形状のみで，お化けを想起させる。"シーツ「お化け」"の場合，その形式・形状こそが本質なのである。現代会計も，このシーツと同様の機能を担っている。会計それ自体が，その（特に複式簿記によるシンボル化の）メカニズムの枠内で特定の会計的取引を創出し，非在の事柄（会計的事象）を成形，これを特定目的（指示対象ではない）の具現として社会的・制度的な関

係性の中に移し入れ(「合意形成」機能)、そのことを通じて、社会的利害にかかわる経済事象(特に、税や配当など、会計的利益によって基礎づけられる事象)を制度的に成立させているのである。会計は、「非在の現前化」機能の遂行によって、企業の経済活動に絶えず一定の作用を及ぼしているのである。

　会計「お化け」論の要点は、以上のとおりである。従来の会計研究の在り方との相違は、写像論に盲従せず、現代会計の姿態に着目した点に認められる。確かに、これまでも「デコレーション」や「ドレッシング」という表現が散見され、会計の操作性は問題視されてきた。しかし、そうした場合でも、特定の指示対象との対応関係は保持されており、その意味では写像論の次元での問題提起であったとみなし得る。本書の主題は、前述のケース③にみる、指示対象との対応関係を見出すことができない次元において会計が特定の役割を果たす際の、その機能であり、その研究方法である。

　写像論の問題性は、会計には本来、写出機能が備わっていないにもかかわらず、ある目的の遂行上、この機能が突如、論理的に付与されたことに起因する。その目的とは、"用語と数値(金額)"としての会計的利益を根拠ないしは検証できる情報(会計情報)と位置づけ、一方では「課税所得算定の基礎」に据えること、他方では「投資者の意思決定」に役立てることである。前者の場合には「公平性」が、後者については「客観性」が、コアをなす属性といえよう。こうしたコア属性を論理的に担保し、当該目的に適った数値(金額)

を社会的・制度的な関係性の中で受容しやすくさせる観点から，写出機能というものが会計にあてがわれたとみることができるのである。しかしながら，会計は，文書に書かれている事柄の証明をその機能とするものに外ならない。元来，写出という機能を有するものではないのである。

(写像論：関係性の**表示**)

```
┌─────────────────────────────────────────────────────┐
│         社会的利害にかかわる経済事象の設定              │
├──────────────┬──────────────────────────┬──────────┤
│写像・被写体関係│ 用語と数値（金額）での写出 │          │
│を措定し，必要に│ ＝既在の現前化（関係性の表示）│          │
│応じて実質優先 ├──────────────────────────┤ 経済活動  │
│思考に立脚する，│ 社会的規範（特に会計法規・基準等）│(経済的取引)│
│会計情報利用目的│ による社会的合意の形成    │          │
│に適した数値の算定│                      │          │
├──────────────┴──────────────────────────┴──────────┤
│      会計文書上での経済事象の社会的成立                │
│    （会計文書現象＝社会的・制度的な文書現象）          │
└─────────────────────────────────────────────────────┘
```

　会計は，特定の目的に適った事柄をそのメカニズム内に引き受け，それを社会的・制度的に成立させるために，その数値（金額）の適切性を文書という形式により証明してみせる手段である。したがって，会計文書上の用語と数値（金額）は，当該目的の達成に向けて機能する，会計ルールに拘束された記号とみなさざるを得ない。記号機能論とは，その意味では何ら特異な考え方ではないともいえよう。しかし，記号という会計の個性を凝視する思考様式なのである。では，なぜ，現代会計において，こうした個性が，そのままの姿で，

前面に浮き上がってこざるを得ないのであろうか。その理由は，端的には，従来は会計情報として比重の小さかった金融の側面が，いまや，金融の在り方それ自体の変容を受ける形で大きな役割を担う次元に達したからである。現代の，記号と化したファイナンス情報の世界にあって，会計は，マネーによる — 事物の購入だけではなく — マネーそれ自体の獲得・運用に資する当該情報の産出手段の一つとして重要な役割を演じているのである。そこでは，用語と数値（金額）の本質的な側面が，写像論という衣服を脱ぎ捨て，そのままの姿態で現前している。これが，現代会計の特筆すべき状況である。

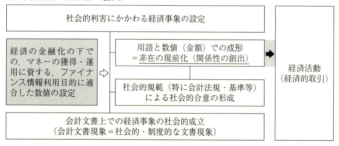

会計を「お化け」とみなす本書の主題は，会計をシーツに譬えることにより，会計研究を志す読者に"用語と数値（金額）"の本性 — 記号 — を直視する思考を抱いてもらいたいという願いによるも

のである。この記号を社会的・制度的な関係性の中に位置づけ，その機能を注視し，地道に思考をめぐらすならば，会計研究は，これまで以上にその社会科学たる地位を確固たるものとし，世界経済に関係した現代会計の役割を分析するための新たな視点を生み出す可能性を大いに高めることになる。このことを，自覚していただこうとしているのである。会計研究を志す読者が，本編を一読することにより，写像論という——日常の言語生活の中で無意識のうちに納得するに至っている——いわば科学的根拠のない観念を振り払い，わずかであっても記号機能論の分析視角に関心を寄せていただく契機ともなれば，解説者としても望外の喜びである。

　この解説の頁が割かれたのは，私に「鈴木会計学」の一端を吸収させ，現代会計の性質解明を意識させ，やがては記号機能論上の視点を腹に収めさせようとする意図によるものであろう。甚だ心もとなく，文字通り不十分ではあるが，本解説を以て引き続き若手研究者と共に記号機能論の世界を探究する一里塚としたい。

お わ り に

　本書をつうじて,会計がわれわれの生活にもかかわりのあるものであり,それを研究することは意義のあることであることをお伝えすることができたとすれば,筆者の望外の喜びとするところです。とりわけ,会計に関心を寄せるだけでなく,これを学びさらにはこれを研究しようとする若い人々に,筆者の考え方が,批判的にであれ,継承され発展させられるとすれば,いっそう嬉しく思います。

　今日では,「知識を得る」ことは,インターネット等をつうじて,簡単かつ容易に可能となりました。筆者が本書でこころがけましたのは,会計に関する知識を幅広い視点から把握し,それが経済と,そして最終的にはわれわれの生活にどのような関わりをもつものであるかを解明しようとする姿勢を身に付けることが大切であるということを強調することでした。

　本書が,そのことを,読者の皆さんにお伝えすることができたとすれば,筆者のねらいはほぼ達成されたといえましょう。

On the Nature of Contemporary
Accounting and Its Research Methodology:
from Picture Theory to Symbol Functioning Theory

I Introduction

Accounting has been called the language of business[1]. But it is not so simple to define accounting as the language of business, because many different words or technical terms used in accounting are utilized with special meanings which are different from meanings in the common usage of words in everyday life. The special and professional meanings of words are attached to the accounting terms, and this seems to make accounting less understandable to the general public. In addition it must be borne in mind that the mechanism of accounting (including the measurement system of double entry bookkeeping) has two functions. The one is to identify and differentiate the transactions and/or events of enterprise by using words such as assets, liabilities, equity, expenses and revenues. The other one is to homogenize them by attaching numbers (amounts) and abstracting the materiality of differentiated transactions and/or events of enterprise from them. Therefore, it is not sufficient to define accounting simply as the language of business.

As mentioned above, we can define accounting as a formal system to express the business transactions and/or events by means of words and numbers. But this understanding is yet insufficient, because the accounting phenomena emerge in the social contexts and it is important to consider the nature of accounting from such perspective. This means that it is necessary to recognize accounting as a social and institutional practice [2]. At the same time, it is also necessary to understand the accounting phenomena as a "written and documented phenomena" (transactions and events being written on the accounting books or financial statements: phenomena on these papers).

II Analytical point of view to the accounting system

When we try to study the accounting system, we should first of all consider the relation of "economic reality" to the words and numbers in the accounting documents. The most widely accepted idea in this respect is that accounting should represent faithfully an economic reality [3]. Let's call this idea here as picture theory. The characteristic of this theory can be found in supposing the existence of "one to one correspondence" between the economic reality and its picture which is expressed on the accounting documents by words and numbers.

The reason why this correspondence supposed in accounting is regarded as widely accepted is that it plays an important role in measuring the amounts of income on which dividends and taxes are determined and the social consensus to them should be formed. In order to make the amounts of income, dividends and taxes fairly determined and socially accepted, the applied techniques of measurement must be fair and rational, and the result of measurement should represent accurately an economic reality of business enterprise. Needless to say, to constitute such social acceptance or consensus, this measurement process must be performed in compliance with the social norms (for example, Commercial Law, Tax Laws and Accounting Standards and so on). When we try to study accounting, we must, therefore, study not only the nature of measurement mechanism, but also the social and institutional aspects of accounting.

Each of such social norms which regulate the accounting processes takes a different appearance, depending upon the influences of the historical, economic and cultural environments of the country. When we try to study the accounting system of each country internationally and comparably, it will be an indispensable task to clarify the characteristics of accounting system under such influences [4].

Ⅲ Characteristics of contemporary accounting practices

To make clear the characteristics of contemporary accounting practices, the "Pensionsgeschäfte" (Pension Transactions) in German Bank Accounting are selected here as an example. Pursuant to Section 340b of the German Commercial Code, the Pension Transactions are defined as follows:

"Pension Transactions are contracts by means of which a financial institution (pledgor) transfers, in exchange for payment of an amount, certain assets belonging to it to another financial institution or one of its customers (creditor), and in which contracts it is simultaneously agreed that such assets shall or may be later retransferred to the pledgor upon payment of the amount received or another amount agreed to in advance."

And in the case of a "genuine cash sale coupled with a contract for subsequent repurchase" (Genuine Pension Transaction) (Section 340b (2) of the German Commercial Code), the transferred assets are to be carried on the balance sheet of the pledgor. The pledgor shall show in its balance sheet in favor of the creditor an obligation in the amount of the sum received pursuant to the transfer. If a higher or lower amount is agreed upon for the retransfer, the difference is to be apportioned over the term of the transaction. The pledgor shall additionally state in the notes the book value of the assets involved. The creditor may not state in its balance sheet the assets transferred to it for purposes of the transaction; it must show in its balance sheet a claim against the pledgor in the amount of the sum transferred. In the event that a higher or lower amount is agreed upon for retransfer, the difference shall be apportioned over the term of the transaction [5]. Pursuant to Section 340b (4) of the German Commercial Code , the balance sheets are prepared in the form as follows:

Pledgor's Balance Sheet

Assets Side:

　　Assets transferred

　　Difference of amount

Liabilities Side:

　　Obligations in the amounts of the sum received pursuant to the transfer

　　Difference of amount

```
┌─────────────────────────────────────────────────┐
│              Creditor's Balance Sheet           │
│  Assets Side:                                   │
│       Claim against the pledgor                 │
│       Difference of amount                      │
│  Liabilities Side:                              │
│       Difference of amount                      │
│  ═══════════════════════════════════════════════│
│                     Notes                       │
│       Book value of the assets involved         │
└─────────────────────────────────────────────────┘
```

From this accounting treatments, it will be clear that the words "Assets transferred" are an exuviae (only a form) without substance. Nevertheless, the assets are described on the balance sheet as if the assets involved were really in existence. It could be said that a virtual image or a phantom is represented on the balance sheet by such accounting treatments[6]. We can not explain such a new situation in accounting practice by applying picture theory. This seems to be typical characteristics of contemporary accounting practices, in which the accounting problems on derivatives and intangible assets are included.

Ⅳ The meaning of the valuation based on "fair value"

Accounting processes could be constituted by words and numbers (amounts). By words are here meant the accounting terms (for example, assets, liabilities, equity, revenues and expenses etc.) and by numbers are meant the amounts on the accounting books and the financial statements. And it is said that the recent accounting reporting practices are steadily moving away from the traditional historical cost basis to the fair value basis. We can see here a trend towards valuation based on fair value, particularly for the financial instruments [7].

To analyze and make clear the nature of this trend in accounting valuation, the problems which will stem from the valuation based on fair value must be considered. It seems to me that these problems are occurring around the valuation by fair value. It could be said that the accountants' world is now evolving towards fair value accounting [8]. It is, therefore, important to grasp the accounting meaning of the valuation by fair value, in order to inquire into the nature of contemporary accounting.

Ⅴ Fair value accounting and its research methodology

The valuation based on fair value will be internationally a dominant standard for financial reporting in 21st century[9].

Especially for the valuation of financial instruments and intangible assets, fair value will be widely accepted as valuation basis. According to the definition in IAS/IFRS, fair value is defined as follows [10]:

> "Fair value is the amount for which an asset could be exchanged or a liability settled, between knowledgeable, willing parties in an arm's length transaction."

When such amount is available in the market, the market price is regarded as fair value and is used as a valuation-basis (mark-to-market). When there is no observable fair value on the active market, a comparable value or a model-based value must be applied (mark-to-model) [11].

According to this definition, fair value is determined on the basis of expectation, assumption and estimation of the market [12]. From considering the content of this definition, it seems to be clear that fair value is defined as a hypothetical market price under unrealistic conditions [13].

Because these expectations could not be realizable in the world of heterogeneous expectations, it will be almost impossible to estimate accurately such fair value. Accounting mechanism plays here the role of giving a special form to non existent events by means of symbols (words and numbers), as if they were really in existence. We can only see an illusion of fair value. But we cannot recognize such fictive events as financial instruments and intangibles without accounting mechanism. Without accounting mechanism, we cannot recognize and measure financial instruments and intangibles as the object of business. It could safely be said that accounting is a mechanism by which fictive events are documented or represented with symbols (words and numbers), as if these events were really in existence. We can see here an illusion or a virtual reality.

To explain these accounting phenomena, it is necessary to understand the nature of accounting, not by means of picture theory under which accounting is supposed as representing correctly the economic reality[14], but through the analysis of social function of accounting terminology and valuation mechanism, which could be called as " symbol functioning theory"[15].

As noted above, "Fair Value" could be said one of the most important concepts with which we (accountants, business persons and students of business administration) should be familiar [16]. Here will be discussed briefly the research methodology on contemporary accounting, having focused on fair value.

The process of recognition and measurement in accounting could be said to be the process of differentiating under a certain name an event that is a product of historical, economic and social relations (differentiation) and at the same time of homogenizing the differentiated event by attaching it a number (amount) (homogénéisation). On this occasion, we should pay attention to the fact that the size of this number (amount) does not represent the size of an object itself which is made in existence by being attached a certain word, but reversely the size of number (amount) is determined only by being attached a certain size of number to it. The act to attach a number (amount) is generally called the valuation in accounting.

If we could define the process of recognition and measurement in accounting like this, it could be said that the accounting process has two aspects: namely, the bookkeeping mechanism in this process abstracts (abstraire) the material nature of objects of difference and diversity (objets très differents et divers), and on the other hand, homogenize them by quantifying with money amounts (monétarisation).

Now, after the World War Ⅰ, the gold standard system was abolished in the European Countries and the system was come off also in the U.S. on August 15, 1971. The era of paper money has come. Under this situation where money has lost its substantial endorsement, we should recognize that the meaning of accounting valuation has also changed: namely the valuation amounts in accounting do not represent the real value of the objects concerned and have become a superficial "signifiant" (symbolic expression) without référent [17]. The referent to which the symbols (words and amounts) in accounting refer is only a virtual reality constructed by the symbols in wide sense. This is a world of accounting.

Today, the nature of this accounting world is getting more fictive. We should give attention to the fact that an existence constructed by symbols (words and amounts) in the accounting world looks like an existence of real world, but in fact, it is only a Fantôme of non existence which is expressed and visualized by symbols. Therefore, the same word and/or concept in accounting can be used with different meanings. And the way to attach numbers to this word and/or concept, namely the valuation process is determined by the accounting institution including laws and conventions. The differences in the meaning of word and valuation could be reduced to the differences of accounting institution in its social contexts.

 The acceptance of fair value in accounting institution might leads to the reconsideration of the nature of accounting from various perspectives [18].

Ⅵ The nature of contemporary accounting and the reform of auditing system

As represented, for example, by the enactment of Sarbanes-Oxley Act in the U.S.A. [19], we are situated now in the era of rapid change in the social institution to restore the reliability of accounting information. To attain this end, the reform of auditing system including internal control system has been necessary. However, on the reason of fictive nature of contemporary accounting, of which I have mentioned above, it seems to be rather difficult for accountants to accomplish this task by their own professional abilities and responsibilities. Here is the reason why the auditing system must be reformed mainly under the power of government. And it is important to recognize that the self regulation of accounting profession was denied and the enforcement system by the government (for example PCAOB in the USA) was introduced in the auditing process [20].

To restore and secure the reliability of accounting information, it seems to be inevitably required to reform the auditing system. Without such reform, accounting information could not be generally accepted as relevant and reliable. We should deliberate on the problems which could be caused by the introduction of IAS/IFRS. At the same time, we should reconsider our research methodology, and strive to analyze the relation between the nature of contemporary accounting including the application of IAS/IFRS and the reasons of reform of accounting institution.

Accounting could be defined as a mechanism of giving the special form to non existent events by means of symbols (words and numbers), as if such events were really in existence. The amounts attached to fair value, which are disclosed on the financial statements, are determined by using such mechanism. Without this mechanism, we could not recognize and measure such fictive events as financial instruments and intangible assets. Now, it is a good chance for us to inquire into the nature of contemporary accounting and its research methodology.

Bibliography

(1) Anthony, Robert N., *Essentials of Accounting*, 3rd Ed., Reading, Massachusetts 1983, Intro.
(2) Miller, Peter, *Accounting as social and institutional practice*, Ed. By Hopwood, Anthony G. / Miller, Peter, Cambridge, 1994, p.1.; Jones, T. Colwyn, *Accounting and the Enterprise, A social analysis,* London, 1995, pp.223-270.
(3) *IFRS / US GAAP Comparison,* Ed. by Principal Authors and Editors from Ernst & Young's Financial Reporting Group, Ernst & Young LLP, London, 2005, pp.10-12.
(4) Mueller, Gerhard G. / Gernon, Helen / Meek, Gary, *Accounting: an*

international perspective, 2nd ed., Homewood, 1991, pp.15-18.
(5) Peltzer, Marrin / Voight, Elizabeth A., *Handelsgesetzbuch*, 5th ed. Köln, 2003, pp.269-270.
(6) Ballwieser, Wolfgang / Küting, Karlheinz / Schildbach, Thomas, Fair value - erstrebenswerter Wertansatz im Rahmen einer Reform der handelsrechtlichen Rechnungslegung ?, *BFuP*, 6/2004, pp.529-548.
(7) van Helleman, Johan, EFRAG: a new force to be reckoned with in the reporting field, in: *Is Fair Value Fair ?*, ed. by Langendijk, Henk / Swagerman, Dirk / Verhoog, Willem, West Sussex, 2003, pp.65-75.
(8) Verhoog, Willem, Introduction, in: *Is Fair Value Fair ?*, op. cit., p.2.
(9) Hoogendoorn, Martin N., The irrepressible advance of Fair Value Accounting, in: *Is Fair Value Fair ?*, op. cit., pp.229-235.
(10) IAS 17.4; IAS 18.7; IAS 19.7; IAS 21.8; IAS 25.4; IAS 32.11; IAS 39.9; IAS 41.8; IFRS 3 Appendix A; IFRS 4 Appendix A; and we can also find a similar definition of fair value regarding other Assets Items: IAS 16.6; IAS 20.3; IAS 36.6; IAS 38.8; IAS 40.5; IFRS 2 Appendix A; IAS 41.9.
(11) Hasselmeyer, Albert / Reichherz, Ruth / Dohrn, Matthias, Anforderungen an die Konzernrechnungslegung multinationaler Unternehmen am Beispiel der BASF, *BFuP*, 5/2005, pp.443-444.
(12) Hitz, Jörg-Markus, Fair Value in der IFRS-Rechnungslegung – Konzeption, Inhalt und Zweckmäßigkeit - , *WPg*, Jg.58, 15. September 2005, p.1014.
(13) For example, IAS 39 Appendix A 75 and 76; IAS 40.38; SFAC 7.32, 35 and 38.
(14) Schneider, Dieter, *Betriebswirtschaftslehre*, Band 2: Rachnungswesen, 2.Aufl.,München, 1997, p.3.; Oger, Brigitte, Les

états financiers: crise de confiance passagère ou veritable crise de légitimité ?,Le cas européen, In: *Management européen et mondialisation,* coordonné par Michel Kalika, Paris, 2005, pp.185-198.
(15) Devitt, Michael / Sterely, Kim, *Language and Reality,* Oxford, 1999, pp.259-271.; Goux, Jean-Joseph, *Les monnayeuers du language,* Paris, 1984, p.34.
(16) Colasse, Bernard, *Comptabilité Générale (PCG, IAS/IFRS. Et Enron),* 9e edition, Economica, 2005, p.11.
(17) Saussure, Ferdinand de, *Cours de linguistique générale,* 1916, translated into Japanese 1928, 1939 and 1972 (revised edition); Wittgenstein, Ludwig, *Philosophische Untersuchungen,* 1939, translated into Japanese 1976 and 1978.
(18) Richard, Jacque / Collette, Christine, *Système comptable français et norms IFRS,* 7e edition, Dunod, 2005, pp.30-37.
(19) An Act to protect investors by improving the accuracy and reliability of corporate disclosures made pursuant to the securities laws, and for other purposes.
(20) Lenz, Hansrudi, Referentenentwurf eines Abschlussprüferaufsichtsgesetzes: noch unzureichende Kontrolle des Berufsstandes, *BB,* 59.Jg., 6. September 2004, pp.1951-1956.

This paper is based on my papers which were reported at the research conference at the University of Paris 1 (Panthéon・Sorbonne) held on the 2nd March, 2006.

<参考文献一覧>

(欧文献)

An Act To protect investors by improving the accuracy and reliability of corporate disclosures made pursuant to the securities laws, and for other purposes (https://www.sec.gov/about/laws/soa2002.pdf).

Borkowsky, Rudolf, *Die Bilanztheorien und ihre wirtschaftlichen Grundlagen*, 1946. 松尾憲橘・鈴木義夫共訳『ドイツ会計学説史』(森山書店, 1981年)

Eckardt, Horst, *Die Substanzerhaltung industrieller Betriebe : untersucht am Beispiel der niedersächsischen Industrie*, 1963.

Gide, André, *Les Faux-monnayeurs*, 1925. 川口篤訳『贋金つくり(上・下)』(岩波書店, 1962年)

Goux, Jean-Joseph, *Les monnayeurs du langage*, Éditions Galilée, 1984. 土田知則訳『言語の金使い:文学と経済学におけるリアリズムの解体』(新曜社, 1998年)

Gomberg, Léon[1908], *Grundlegung der Verrechnungswissenschaft*, 1908. 伊藤正一訳『會計學方法論』(厳松堂書店, 1944年)

Gilman, Stephen, *Accounting concepts of profit*, 1939. 片野一郎監閲, 久野光朗訳『ギルマン会計学(上巻・中巻・下巻)』(同文館出版, 1965年, 1967年, 1972年)

Hax, Karl[1957], *Die Substanzerhaltung der Betriebe*, 1957. 高山清治訳『経営実体維持論』, (同文館出版, 1997年)

Hatfield, Henry Rand, *Modern Accounting : Its Principles and Some of Its Problems*, 1918. 松尾憲橘訳『近代会計学:原理とその問題』(雄松堂書店, 1971年年)

International Accounting Standards Board, International Financial

Reporting Standards (IFRSs®) including International Accounting Standards (IASs) and Interpretations as Approved at 1 January 2008.

Jäger, Ernst Ludwig, Lucas Paccioli und Simon Stevin, nebst einigen jüngeren Schriftstellern über Buchhaltung : *Skizzen zur Geschichte der kaufmännischen, staatlichen und landwirthschaftlichen Buchführung*, 1876.

Johann Wolfgang von Goethe, *Wilhelm Meisters Lehrjahre*, 1796. 小宮豊隆訳『ヴィルヘルム・マイステルの徒弟時代（上・中・下）』（岩波書店, 1953年）

――― Faust (vol. I), 1808. 相良守峯訳『ファウスト　第一部』（岩波書店, 1958年）

――― Faust (vol. II), 1833. 相良守峯訳『ファウスト　第二部』（岩波書店, 1958年）

Käfer, Karl, *Theory of Accounts in Double-Entry Bookkeeping*, 1966. 安平昭二訳『ケーファー複式簿記の原理』（千倉書房, 1972年）.

――― *Die Bilanz als Zukunftsrechnung*, 1962

――― *Grundzüge der Buchhaltungs- und Kontentheorie*, 1974

Littleton, Ananias Charles, *Accounting Evolution to 1900*, 1933. 片野一郎訳『リトルトン 会計発達史』（同文館出版, 1952年）.

Lauzel, Pierre, Le plan comptable français, 1965.

Marx, Karl, Das Kapital : Kritik der politischen Ökonomie, 1867.

Poincaré, Henri, *La Science et l'Hypothèse*, 1902. 河野伊三郎訳『科学と仮説』改版（岩波書店, 1959年）.

Pacioli, Luca, *Summa de arithmetica, geometria, proportioni et proportionalita*, 1494. 複式簿記について記述した箇所の翻訳には次のものがある。本田耕一訳『パチョリ簿記論』（現代書館, 1975年）および片岡泰彦『イタリア簿記史論』（森山書店, 1988年）

Richard, Jacques, *Fair value : towards a third stage of the French accounting capitalism?*, November 2003.〔http://www.cereg. dauphine.fr/cahiers_rech/cereg200509.pdf〕

Schmalenbach, Eugen, *Dynamische Bilanz*, *4Aufl.*, 1926. 土岐政蔵訳『動的貸借対照表論』七版[1938]（森山書店，1950年）

Saussure, Ferdinand de, *Cours de linguistique générale*, 1916. 小林英夫訳『一般言語学講義』改版（岩波書店，1972年）

Savary, Jacques, *Le Parfait Négociant*, 1675.

Sinnet, William M. and Ellen M. Heffes, *Section 404 Implementation: Is the Gain Worth the Pain?*, Financial Executive, May 2005, S. 30-32.

Wittgenstein, Ludwig, *Tractatus logico-philosophicus,* 1922. 藤本隆志，坂井秀寿『論理哲学論考』（法政大学出版局，1968年）

——— *Philosophische Untersuchungen*, 1939. 藤本隆志『哲学探究』（大修館書店，1976年）

Weber, Max, *Die protestantische Ethik und der Geist des Kapitalismus, in Gesammelte Aufsätze zur Religionssoziologie*, 1920. 梶山勉・大塚久雄『プロテスタンティズムの倫理と資本主義の精神』（上・下）（岩波書店，1968年）

Wöltje, Jörg, *IAS/IFRS*, 2004.

（和文献）

　山本信・黒崎宏 編『ウィトゲンシュタイン小事典』（大修館書店，1999）

　鈴木義夫「第1章　会計の学び方」（鈴木義夫『ドイツ会計制度改革論』（森山書店，2000年）1-20頁）

　丸山圭三郎『ソシュールの思想』（岩波書店，1981年）
———『カオスモスの運動』（講談社，1991年）

　ミシェル・アルベール著，久水宏之監修・小池はるひ訳『資本主義対資本主義』（竹内書店新社，2008年）

宮上一男『会計制度論』(森山書店, 1985年)

千葉修身「原価計算研究方法論序説」『経理知識』第85号（明治大学経理研究所, 2006年）1-21頁

あ と が き

　本書の編集に向けては，多くの方々の手によって準備作業が進められました。ワープロ原稿の精査とそのワード文書の作成に際しては石田万由里君（明治大学大学院経営学研究科博士後期課程3年），参考文献の整理という煩雑な作業は紫関正博君（青森公立大学専任講師），田中圭君（明治大学非常勤講師）および権大煥君（明治大学大学院商学研究科博士後期課程3年），そして本編と解説編の両原稿の最終点検という要の作業では石川祐二先生（駒澤大学教授）の各位に，多大なるご協力をいただきました。記して，ここに感謝の意を表します。

　なお，本編において講演調を保持したのは――冒頭に記されていますように，読み易さという点もありますが――その最中の息吹をも読者に伝えたかったからです。本書を繰り返しお読みいただき，時には"会計はお化けだ！"の真意をお考えいただければ幸いです。

　　　　　　　　　　　　　　　　　　　　　　　　　　　　（千葉）

著者紹介

鈴木　義夫（すずき　よしお）　明治大学名誉教授
千葉　修身（ち　ば　おさみ）　明治大学商学部教授

会計研究入門："会計はお化けだ！"
かいけいけんきゅうにゅうもん　かいけい　ばけ

2015年3月19日　初版第1刷発行
2020年4月15日　初版第3刷発行

著　者　ⓒ　　鈴　木　義　夫
　　　　　　　すず　き　よし　お
　　　　　　　千　葉　修　身
　　　　　　　ち　ば　おさ　み

発行者　　　　菅　田　直　文

発行所　有限会社　森山書店　　東京都千代田区神田司町2-17
　　　　　　　　　　　　　　　上田司町ビル（〒101-0048）

TEL 03-3293-7061　FAX 03-3293-7063　　振替口座 00180-9-32919

落丁・乱丁本はお取りかえ致します　　　　印刷／製本・シナノ書籍印刷

本書の内容の一部あるいは全部を無断で複写複製する
ことは、著作権および出版社の権利の侵害となります
ので、その場合は予め小社あて許諾を求めてください。

ISBN 978-4-8394-2152-6